Ruths Kochbuch

Gewidmet den Frauen der Familie Cukierman
und Jossi Melcer sel. A. (1928–2007)

Ruth Melcer
Ellen Presser

Ruths Kochbuch

Die wunderbaren Rezepte meiner
jüdischen Familie

 GERSTENBERG

Inhalt

Vorwort

Liebe Leserinnen und Leser,

ursprünglich war mein Kochbuch als Überraschung für die Familie gedacht, anlässlich der Bar Mitzwah meiner in München geborenen Zwillings-Enkel Patrick und David. Da die Familie weit verstreut lebt, gab es eine deutsche und englische Version, ergänzt um Familienfotos. Alles zeugte davon, wie aus Überlebenden des Holocaust Familiengründer und Freundeskreise entstanden. Da, wo nichts bleiben sollte und so viel vernichtet worden war, gewann doch das »Trotzdem« die Oberhand, entstand neue Hoffnung, meisterten Menschen ihr neu gewonnenes Leben, wurden Kinder und Kindeskinder geboren. Bis heute gilt: Man trifft sich auf »Simches« (jidd. Festen), lacht, tanzt, erinnert – und isst.

Es wäre schade, wenn die polnisch-jüdischen Rezepte der »Cukierman-Frauen« verloren gingen. Dieses Kochbuch ist ihnen gewidmet. Frauen wie meiner Großmutter Liba, meiner Mutter Hanna, meiner Tante Reginka, meiner Tante Tamara. Sie waren so unterschiedlich und doch so stark. Sie hatten – wie auch ihre Männer – ein schweres Leben: Sie mussten ertragen, ihre Eltern, Geschwister und Kinder zu verlieren – aber sie verloren nie ihren Lebensmut. Meine Großmutter väterlicherseits, Liba Cukierman, war bekannt für ihre Gastfreundschaft, noch im Ghetto von Tomaszów unterhielt sie 1941/42 eine Suppenküche. Wenn ich heute auf meine Familie schaue, dann denke ich, dass wir alle viel von ihr geerbt haben.

Immer wieder kommen Nachfragen, wie dieses oder jenes gekocht wird. Meine Rezeptsammlung ist ein jüdisches Kochbuch, ein Familienkochbuch. Es ist kein koscheres, auch wenn alle überlieferten und weiterentwickelten Rezepte von der Zubereitung her koscher funktionieren. Es ist auch kein allgemeingültiges, weil jede Köchin ihren eigenen Kopf und Geschmack hat. Und das Sprichwort sagt sowieso: ›Wo zwei Juden sind, gibt es drei Meinungen, mindestens!‹ Vieles hat sich geändert: Statt Speisekammer gibt es heute Kühlschrank und Tiefkühltruhe, statt Schneebesen, Mixer und Küchenmaschine. Aber manches – gerade das Immaterielle – ist beständiger geblieben, als man auf den ersten Blick vermuten mag.

Unsere Erinnerungen sind voll Trauer und Leid. Wir haben kaum Bilder, keine Erinnerungsstücke. Unser Erbe sind die Geschichten, die Anekdoten und die Tradition. Und viele unserer Traditionen sind eng mit dem Essen verknüpft, besonders an Feiertagen. Deshalb habe ich die Rezepte, die mir durch meine Familie überliefert wurden, aufgeschrieben. Ich habe sie »fardajtscht un farbessert«, »eingedeutscht und verbessert«, im Sinne von ergänzt und angepasst. Damit unsere Erinnerungen auch in Form dieses Familienkochbuchs weiterleben.

Dabei hat mir Ellen Presser, der ich dafür sehr dankbar bin, geholfen. Sie kostete tapfer meine Rezepte, vor allem die Experimente, für die ich rundum verantwortlich bin. Ellen schrieb, ausgehend von unseren Gesprächen und Kochstunden sowie ihren Recherchen, die Texte. Ich glaube, wir haben beide viel Spaß dabei gehabt und das eine oder andere Pfund zugelegt. Zu danken habe ich auch allen, die über die Jahre bei mir zu Gast sind: meiner Familie, meinen Freunden und Bekannten und ganz besonders meinen Freundinnen! Für euch zu kochen, mit euch zu essen und fröhlich zu sein, das ist eine Freude für mich.

Lechaim! Aufs Leben!

Ruth Melcer

Ruths Geschichte

Zunächst möchte ich mich vorstellen: Ich heiße Ruth Melcer, geborene Cukierman. Aber ganz eindeutig stimmt das nur für den Nachnamen. Im Pass lautet mein Vorname Ryta, in polnischer Schreibweise. Als ich 1947 in die Schule kam, merkte ich, dass ich eher einen hebräischen Namen tragen und darum statt Ryta lieber Ruth genannt werden wollte.

Als ich am 24. September 1935, ein Jahr nach der Heirat meiner Eltern Hanna und Aron Cukierman, in Tomaszów Mazowiecki zur Welt kam, war ich deren erstes, heiß geliebtes Kind und das erste Enkelkind meiner Großeltern mütterlicherseits, ihre kleine Prinzessin, geschmückt mit großen Schleifen im Haar, wie es damals Mode war. Die beiden Schwestern meiner Mutter nähten und bestickten Kleidchen für mich. Von dieser guten alten Zeit weiß ich selbst natürlich nichts, sie wurde nur in den Erzählungen meiner Mutter lebendig.

Mein Großvater mütterlicherseits war – wie schon sein Vater und Großvater – Stofffabrikant. Da darf man sich aber nicht große Maschinen vorstellen, sondern er beschäftigte Leute an Webstühlen, die Stoffe für Herrenmäntel produzierten. Es war eine relativ gut situierte Familie, ganz verhaftet in der jüdischen Tradition; dazu gehörte auch die Einhaltung der Speisegesetze.

Das einzig erhaltene Familienfoto, ca. 1930

In der Mitte meine Mutter Andzia-Hanna
mit Bruder Leon und Schwester Hinda
sowie ihren Eltern Malka und
Itzhak Alexandrowski

Auch die Familie meines Vaters, die mit Wolle handelte, war sehr religiös. Keiner der Söhne durfte aufs Gymnasium. Sie besuchten stattdessen den »Cheder«, die jüdische Elementarschule, und hatten für weltliche Fächer wie Mathematik einen Privatlehrer. Mit dreizehn Jahren mussten sie bereits arbeiten. Auf die höhere Schule durften die Mädchen, also meine Mutter und Tante Reginka, eine Schwester meines Vaters.

Vermutlich haben sich meine Eltern auch durch diese Verbindung kennen gelernt. Vater war gut aussehend, charmant und humorvoll, aber – was die Zukunftsperspektiven betraf – eigentlich keine gute Partie: mit besseren Jiddisch- als Polnischkenntnissen, ohne Schulabschluss und ohne Geld. Seine Familie hatte sich nämlich finanziell ruiniert, als die Mutter nach der Geburt ihres jüngsten Sohnes Moniek lebensgefährlich erkrankte. Man schickte sie in Begleitung ihrer damals siebzehnjährigen Tochter Reginka für ein Jahr nach Wien. Die Behandlung kostete sie ein Bein und ein Vermögen, rettete aber ihr Leben. Während des Krieges, als die Familie schon zwangsweise ins Kleine Ghetto von Tomaszów Mazowiecki umquartiert war, hat die Großmutter trotz ihres Handicaps noch eine Armenküche organisiert und Suppe ausgegeben.

Meine Mutter war seit ihrer Heirat Hausfrau und ging in dieser Aufgabe auf. Der Vater stieg in die Stofffabrikation ein, es ging unserer kleinen Familie finanziell gut. Etwa eineinhalb Jahre nach mir kam mein Bruder Mirek zur Welt, wir sollen uns ähnlich gesehen haben. Dieser Junge mit hellblonden Locken und blauen Augen wurde nur sechs Jahre alt. Er wurde 1943 bei einer berüchtigten Kinderaktion im Arbeitslager Bliżyn mit den restlichen kleineren Kindern verschleppt und nicht weit davon ermordet.

Томашовъ, Рынокъ.   Tomaszów, Rynek.   Tomaschow, Ring.

Mein Bruder Mirek

In Tomaszów Mazowiecki, 55 km südöstlich von Łódź, bekannt für Textilindustrie, lebten vor dem Zweiten Weltkrieg etwa 13 000 Juden. Im September 1939 wurde die Stadt von deutschen Truppen besetzt, im Dezember 1940 ein großes Ghetto eingerichtet, das ein Jahr später auf ein kleines reduziert wurde. Ende Mai 1943 schaffte man die verbliebenen 650 Juden ins Arbeitslager Bliżyn. Nur rund 200 kehrten nach der Befreiung 1945 nach Tomaszów zurück.

Meine glückliche Kindheit ging in Etappen zu Bruch. An die Anfänge in Tomaszów Mazowiecki habe ich keine eigene Erinnerung, die Erwachsenen haben wohl alles unternommen, die Schrecken des Krieges so lange wie möglich von uns fern zu halten. 1942 mussten wir als vierköpfige Familie in ein winziges Souterrain-Zimmer, ins sogenannte »Kleine Ghetto«, umziehen. Tagsüber gingen die Erwachsenen zum Arbeiten, wir Kinder waren mehr oder weniger uns selbst überlassen.

Die NS-Parole »Jeder Faden ist ein Schritt zum Sieg« bezog sich auf die Habseligkeiten deportierter Juden. Nach der Liquidation des Großen Ghettos bekamen etliche Juden ein grünes Band; sie gehörten damit zu einem Arbeitskommando zur Sammlung und Verwertung der Kleider, Wollsachen und Stoffe (sogar Gebetsschals) bereits Deportierter. Für die unersetzliche Fachkompetenz meines Vaters hatte sich der Treuhänder seines früheren Betriebs verbürgt. Dank des grünen Kennzeichens konnte sich mein Vater auf der Suche nach Woll- und Stoffresten relativ frei bewegen. Morgens verließ er – natürlich unter Bewachung – das Ghetto. Ob er bei dieser Gelegenheit Essbares organisieren konnte, weiß ich nicht. Wenn man noch Geld hatte, wurden Lebensmittel sogar von den polnischen Nachbarn gebracht. Gehungert habe ich damals jedenfalls nicht. Noch nicht.

Im Ghetto in Tomaszów erkrankte ich schwer an Typhus. Meine Mutter organisierte von außerhalb des Ghettos einen polnischen Arzt. Der berichtete, dass es in Warschau einen Impfstoff gäbe. Meinem Onkel gelang es, welchen für die Familie zu beschaffen. Das schützte sie später im KZ davor, zumindest nicht an Typhus zu sterben.

Dank der Arbeit des Vaters entging meine Familie zunächst der großen Deportation von 1942 aus Tomaszów. Als die ersten Transporte nach Treblinka abfuhren, ahnten die Erwachsenen wohl, dass es in den sicheren Tod ging. Hauptsächlich traf es ja die Alten und die Kinder, die Arbeitsfähigen beließ man noch. Insofern war es schon ein Kunststück, dass drei Kinder – ein Cousin, mein sechsjähriger Bruder und ich – noch bei den Eltern waren. Kurzzeitig waren wir Geschwister sogar außerhalb in einem Dorf gegen Bezahlung bei einer Polin untergebracht. Ich lernte perfekt, wie man sich in der Kirche benimmt und musste nur auf meinen kleinen Bruder aufpassen, damit er sich nicht verplapperte. Kurz vor der Auflösung des Ghettos wurden wir nach Tomaszów zurückgebracht; am Tagesende rückten wir zwischen den Arbeitern versteckt wieder ins Ghetto ein.

Alle vier Großeltern sowie die beiden Schwestern meiner Mutter wurden von Tomaszów aus deportiert, der Rest unserer Familie – mit grünen Bändern – kam ins 100 km entfernte Bliżyn. Bei der Registrierung nach der Ankunft gab meine Mutter mein Alter vorsorglich mit zwölf an. Das sollte mir später das Leben retten, weil ich damit als voll arbeitsfähig galt. Die Angabe von acht Jahren half meinem sechsjährigen Bruder am Ende nicht.

Im Arbeitslager in Bliżyn wurde im Akkord genäht. Für mich in Wirklichkeit Achtjährige war es völlig unmöglich, das geforderte Tagespensum zu schaffen. Darum gab meine Mutter einer Frau einen Teil ihrer eigenen Lebensmittelration dafür, dass auch sie für mich mitnähte. Wir haben Wehrmachtsuniformen genäht und gestopft.

Im Herbst 1943 gab es eine Jagd auf die letzten verbliebenen Kinder. Als man am 8. November 1943 Mütter mit Kindern am Lagerausgang sammelte, wollte meine Mutter mit meinem kleinen Bruder mitgehen, ich sollte beim Vater bleiben. Am Tor wurde sie als arbeitsfähige Frau zurückgehalten: »Du hast noch Zeit zu sterben. Du sollst noch arbeiten.« Meine Mutter konnte den Verlust ihres Sohnes nie verwinden.

Im Juni 1944 wurde das Lager in Bliżyn geschlossen, ein Teil der Häftlinge kam nach Plaszow bei Krakau, ein Teil nach Auschwitz. Dazu gehörten meine Tante Reginka, mein Vater, meine Mutter und ich. Bei unserer Ankunft gab es keine richtige Selektion, weil man davon ausging, dass nur mehr arbeitsfähige Männer und Frauen angekommen waren. Und so ging es gleich in die Waschräume, wo uns alles abgenommen wurde. Mir ließ man wenigstens die Haare. Meine zierliche Mutter bekam ein langes grünes Samtkleid. Da konnte sie den überschüssigen Stoff wenigstens abschneiden und als Waschzeug verwenden. Meine wunderschöne Tante Tamara, die über Plaszow wieder zu uns stieß, bekam ein kurzes rosafarbenes Kleid. Eine kleine Person bekam ein großes Kleidungsstück, eine große ein zu kleines. Häftlingskleidung gab es gar nicht mehr. Man trug die Sachen von Menschen, die bereits ermordet worden waren. Ich ergatterte Lackschuhe. Alles war irgendwie grotesk. Indem man die Frauen so verkleidete, wollte man den Gefangenen wohl den Rest ihrer Würde als Frauen nehmen. Man wollte ihnen überhaupt nichts lassen, keine Fotos, keine Erinnerungen, nicht mal ihre Haare.

Schließlich gelangte ich mit meiner Mutter in einen Block, wo eine Frau in einem seidenen Morgenmantel, schwarz mit roten Blumen gemustert, auf dem Ofen, der sich durch die Baracke zog, auf und ab ging, eine Peitsche in der Hand. »Ihr glaubt, dass ihr das überlebt«, waren ihre Worte. Ab dem Moment unserer Ankunft in Auschwitz weiß ich alles aus eigener Erinnerung.

Kurz darauf kam ein Kapo namens Olga aus einem anderen Block und bot meiner Mutter an, mich zu sich zu nehmen. Mit ihrer Hilfe und Glück erlebte ich den Tag der Befreiung durch die russische Armee auf mich allein gestellt. Meine Mutter war nach Ravensbrück, meine Tanten waren nach Bergen-Belsen verschleppt worden. Wir verwaisten Kinder wurden in Kutschen gepackt und in ein Kinderheim nach Krakau geschickt. Von dort ging es für mich und über zwanzig andere Kinder in die dort wieder gegründete jüdische Gemeinde. Wirklich gekümmert hat sich in den folgenden Wochen niemand um uns, aber es ging mir gut. Die Erwachsenen waren mit ihren eigenen Problemen als Holocaust-Geschädigte und ihrer Suche nach überlebenden Verwandten und Freunden beschäftigt. Dass meine Mutter den Todesmarsch überlebt hatte und meine Tanten Reginka und Tamara in Bergen-Belsen befreit worden waren, erfuhr ich erst später.

Ich war noch keine zehn, konnte gerade mal meinen Namen schreiben, wusste aber, woher ich stammte. Also bat ich einen Mann, der nach Tomaszów-Mazowiecki fuhr, nach meiner Familie zu fragen. Und wieder hatte ich Glück, er stieß auf den Bruder meiner Mutter. Onkel Leon hatte den Krieg in einem Versteck bei einem Polen überlebt und inzwischen die Wohnung seiner Eltern wieder bekommen. Zwei Tage später traf der Onkel in Krakau ein und nahm alle Kinder aus Tomaszów mit zurück. Es war für die Überlebenden ungeschriebenes Gesetz, dorthin zurückzukehren, wo man einmal zu Hause gewesen war, in der Hoffnung, Angehörige wiederzufinden.

Schon Mitte Mai 1945, also kurz nach ihrer Befreiung, kehrte meine Mutter nach Polen zurück. Beim Vater dauerte es bis September, weil er wegen einer Typhus-Epidemie noch in Quarantäne gehalten worden war. Nach und nach kam der Rest unserer Familie in dieser Wohnung – ich erinnere mich noch an den roten Fußboden und den großen Esstisch – zusammen. Da ich weder schreiben noch rechnen konnte, bekam ich Privatunterricht und lernte innerhalb von drei Monaten Polnisch zu lesen. Zu essen gab es zunächst meistens Brot mit Schmalz, Kartoffeln und Hering.

Ganz anders als vor dem Krieg spielten die Feiertage keine Rolle mehr, zumindest anfangs. Es gab nur graue Tage, alle waren traumatisiert und traurig. Meine Mutter hatte ein Kind verloren, die Tante ebenfalls, die Erwachsenen trauerten um ihre Eltern und Geschwister. Trotzdem konnte man sich über Alltägliches aufregen. Einmal bekam meine Tante Tamara für eine Englisch-Dolmetscher-Aufgabe eine Dose Ananas geschenkt. Ihre Schwägerin Reginka verschenkte diese Kostbarkeit einfach, statt sie der Familie zu servieren oder als Tauschobjekt für etwas Nützliches aufzubewahren.

Das Elternhaus meines Vaters stand noch. Er bekam es aber nicht zurück, das russische Militär hatte sich einquartiert. Das Pogrom von Kielce am 4. Juli 1946 mit rund vierzig jüdischen Todesopfern gab für meinen Vater den Ausschlag, Polen endgültig zu verlassen. Über Wrocław ging es in einer Nacht- und Nebelaktion auf Lastwägen in ein Aufnahmelager nach Schlachtensee. Zwei Jahre blieben wir in Berlin, wo ich zum ersten Mal in die Schule ging. 1948, zur Zeit der Berlin-Blockade, boten uns die Amerikaner an, Berlin per Flugzeug zu verlassen. Und so kamen wir erst einmal nach Kassel, dann nach Augsburg und schließlich nach München.

Mein Vater eröffnete ein Textilgeschäft in der Möhlstraße, die in der Münchner Nachkriegszeit ein Anziehungspunkt für jüdische Überlebende war, Informationsbörse und Handelsmarkt für alles, was man nach dem Krieg brauchte und suchte. Ich kam aufs jüdische Gymnasium bis zu dessen Auflösung 1951. Der Wechsel auf ein deutsches Gymnasium sagte mir so wenig zu, dass ich für den Rest der Schulzeit nach Israel ging. Nach dem Abitur kehrte ich 1954 für die Ausbildung zur Chemielaborantin zurück. Aus den anschließenden Studienplänen wurde dann nichts mehr, weil ich meinen künftigen Mann Jossi kennen lernte.

Ryta (Ruth) mit ihrer Mutter Hanna in Berlin 1946

טשאלנט

Tscholent

Die Schreibweise für Tscholent bzw. Schalet mag variieren, doch er ist und bleibt ein Klassiker der jüdischen Küche. Es könnte das französische Wort »chaud« für heiß drinstecken. Denn dieses Eintopfgericht wird seit jeher am Freitag aufgesetzt und schmort bis Samstagmittag leise vor sich hin. So hat man ein warmes Mittagessen und hält das Gebot der Schabbatruhe ein. In der Bibel wird mehrfach darauf hingewiesen, dass der siebte Tag der Woche ein Ruhetag sein soll (1. BM 2, 2–3; 2. BM 20, 10–11). Wenn jede Art Arbeit verboten ist, dann gilt das auch für die Zubereitung von Speisen. Also gibt es am Schabbat nur zu essen, was bereits am Vortag vorbereitet werden kann.

»Doch wenn sich schließlich die Kinder und Ehemänner der Hausfrauen kurz vor dem zweiten Schabbatmahl, vom süßlichen Tscholentgeruch angelockt, in die primitiven Küchen schleichen und begierig die Topfdeckel heben, um schon jetzt etwas von unserem gottgeweihten Eintopf

	Di	Mi	Do	Fr	Sa
			1	2	3
4	5	6	7	8	9	10
11	12	13	14	15	16	17
18	19	20	21	22	23	24
25	26	27	28	29	30	

zu kosten, sind sie jedes Mal von neuem überrascht, wie großartig ein Essen schmeckt, das wie Scheiße aussieht. Es ist mehr als Physik, es ist transzendentale Alchemie, welche bewirkt, dass all die reinen, gesunden Produkte, die unter niedrigster Hitzeeinwirkung vierundzwanzig Stunden miteinander in einem Gefäß verbringen, zum Schluß dieselbe Farbe annehmen, ein tiefes, freundliches Braun, ein Braun des Lebens, ein Braun der Hoffnung und des Vergehens...«
Aus: »Harlem Holocaust« von Maxim Biller

Tscholent –

erzählte meine Mutter – war ein preiswertes Gericht, das sich auch arme Leute leisten konnten. Es besteht aus Kartoffeln, Bohnen und Graupen – und je nach Möglichkeit – mehr oder weniger viel Fleisch.

Mein Mann Jossi erzählte, dass er als Kind jeden Schabbat einen großen Topf Tscholent zum Bäcker brachte. Der stellte diesen Topf in seinen mit Holz beheizten Backofen, der die Wärme bis zum nächsten Tag speicherte.

Dort stand er mit vielen anderen Töpfen die ganze Nacht, und der Tscholent garte langsam. Vor dem Schabbat-mittagessen wurde der Topf von den Kindern wieder abgeholt.

Heute ist mein Rezept ein bisschen abgewandelt, denn unser Fleisch-konsum hat sich verändert.

Frauen in Białystok tragen am Freitagabend Tscholent zum Bäcker. Foto von 1932.

Tscholent

Zutaten für 8–10 Personen

200 g	große weiße Bohnen
100 g	Graupen
2 kg	Zwerchrippe oder Beinfleisch vom Rind
1–2	große Zwiebeln
	Öl
	Salz und Pfeffer
2–4	Knoblauchzehen, fein gehackt
	Paprikapulver, scharf
4–5 kg	mehlig kochende Kartoffeln
2 TL	Zucker

Die Bohnen und die Graupen werden über Nacht in kaltem Wasser eingeweicht.

Das Fleisch sollte nicht zu mager sein – wenn man will, kann man auch ein Stück Mägele oder ein Stück Ente dazugeben. In große Stücke schneiden. Die Zwiebeln werden nun in Scheiben geschnitten und in einem sehr großen Topf in Öl angedünstet. Das Fleisch wird zu den Zwiebeln gegeben, mit Salz, Pfeffer, Knoblauch und Rosenpaprika gewürzt und leicht angebraten. Vorsicht: Nicht anbrennen lassen!

Die Kartoffeln schälen. Zwei Drittel davon werden mit der Küchenmaschine nicht zu fein gerieben, eher geraspelt. Nun eine Schicht davon auf das Fleisch geben, mit Salz und Pfeffer würzen. Graupen und Bohnen darauf geben, darüber erneut eine Schicht geriebene Kartoffeln. Salzen und pfeffern. Zum Schluss die ganzen Kartoffeln daraufgeben: Diese Kartoffeln sollten relativ klein sein.

400 ml Wasser angießen, damit das Ganze nicht anbrennt. Backofen auf 170 °C vorheizen.

Zum Abschluss den Zucker in einer Pfanne braun werden lassen, bis er karamellisiert, und zu dem Gericht geben; noch einmal 400 ml Wasser hinzufügen und kurz aufkochen. Zugedeckt für etwa 3 Stunden in den Backofen stellen. Über Nacht im Ofen bei 50 °C stehen lassen.

Am nächsten Morgen den Deckel abnehmen und probieren, ob genug gewürzt ist, und eventuell Wasser dazugeben. Auf die ganzen Kartoffeln ein wenig Öl geben, damit sie schön braun werden.

Ohne Deckel wieder in den Ofen stellen, 170 °C einstellen. Wenn man sieht, dass die Kartoffeln genug gebräunt sind, den Deckel wieder auflegen. Noch einmal 3 Stunden bei 170 °C weiterbacken lassen.

Dieser Tscholent ist ein vollständiges Gericht, und braucht eigentlich keine Beilagen. Aber ein paar Salzgurken, eine Tasse Borschtsch oder geriebener Meerrettich können ihm nicht schaden.

Es ist sehr viel Essen, also für eine große Familie –, aber der Tscholent kann mehrere Tage hintereinander gegessen werden und eignet sich auch zum Einfrieren.

Knoblauchzehen Salz und Pfeffer Zucker das Knoblauchzehen Salz und Pfeffer Zucker, Salz Pfeffer Zucker mehlige Kartoffeln

Schabbat

Der jüdische Ruhetag ist der Schabbat, der siebte Tag der Woche. Im Namen steckt die Zahl »schewa«, d. h. sieben, drin. Wenn die ersten drei Sterne am Freitag am Himmel erscheinen, beginnt der Schabbat. Das ist eigentlich eine wunderbare Einrichtung, weil sie die Freistellung von jeder Art Arbeit beinhaltet. Für die jüdische Hausfrau, die das wörtlich nimmt, bedeutet es zwar Mehrarbeit am Donnerstag und Freitag tagsüber. Wenn sie dann aber kurz vor Schabbatbeginn die Kerzen anzündet und den dazugehörigen Segen spricht, verblasst die Alltagshektik vollkommen. Fromme Juden versetzt der Schabbat jede Woche in eine außerordentliche Zeit. Sie beten, verbringen drei besondere Mahlzeiten – eine am Freitagabend, eine am Samstagmittag und eine zum Ausklang des Schabbat miteinander – gehen spazieren, lernen, ruhen sich aus. Tun das, was im Alltag meist zu kurz kommt. Sie nehmen wörtlich, was im Schöpfungsbericht und in den Zehn Geboten steht, und glauben fest daran, was Gott für gut hieß, könne auch dem Menschen nur guttun.

Betrachtet man es aus sozialgeschichtlicher Perspektive, dann steckt ein ethischer, ein universeller, ja ein revolutionärer Aspekt im Schabbatgebot, dass nämlich jeder Mensch – ob Herr oder Knecht, Herrscher oder Sklave, ob Arbeitgeber oder Arbeitnehmer – das Recht auf einen Tag Erholung in der Woche hat.

[וַיְהִי־עֶרֶב וַיְהִי בֹקֶר] יוֹם
הַשִּׁשִּׁי׃ וַיְכֻלּוּ הַשָּׁמַיִם
וְהָאָרֶץ וְכָל־צְבָאָם׃ וַיְכַל
אֱלֹהִים בַּיּוֹם הַשְּׁבִיעִי מְלַאכְתּוֹ
אֲשֶׁר עָשָׂה, וַיִּשְׁבֹּת בַּיּוֹם
הַשְּׁבִיעִי מִכָּל־מְלַאכְתּוֹ אֲשֶׁר
עָשָׂה׃ וַיְבָרֶךְ אֱלֹהִים אֶת־יוֹם
הַשְּׁבִיעִי וַיְקַדֵּשׁ אֹתוֹ, כִּי בוֹ
שָׁבַת מִכָּל־מְלַאכְתּוֹ אֲשֶׁר־בָּרָא
אֱלֹהִים לַעֲשׂוֹת׃

[Es war Abend und es war Morgen],

der sechste Tag.

Da waren vollendet Himmel und

Erde und ihr ganzes Heer.

Gott vollendete am siebten Tag Sein

Werk, das Er geschaffen hatte, und

Er ruhte am siebten Tag

von Seinem ganzen Werk,

das Er gemacht hatte.

Gott segnete den siebten Tag und

heiligte ihn, denn an ihm ruhte

Er von Seinem ganzen Werk,

das Er erschaffen hatte,

damit es weiter wirke.

(1.B.M. 2, 1–3)

6

Wie hier die Menschenwürde geachtet wird und übrigens auch der Tier-schutz, ist faszinierend. Das bedeutet aber nicht, dass im Hause Melcer alles, was die Rabbiner zur Erfüllung der Schabbatruhe vorschreiben – ein-schließlich der 39 Verrichtungen, die mit dem Tempeldienst im antiken Je-rusalem zu tun hatten – eingehalten würde. Da gibt es zum Beispiel das Gebot, kein Feuer zu entzünden. Daraus leiten fromme Juden ab, dass man keinen Lichtschalter bedienen, keine Kaffeemaschine einschalten, kein Auto anlassen dürfe. Fromme Juden halten sich strikt daran und an vieles ande-re. Säkulare treffen ihre eigenen Entscheidungen und leben, wie sie es für richtig halten. Ruth Melcer hofft, dass die Menschen es eines Tages doch noch schaffen, respektvoll jedem so viel Freiraum zuzubilligen, dass er nach seiner Fasson zufrieden leben kann. Um eines haben sie und ihr Mann Jossi sich jedoch stets bemüht, ihre Familie am Freitagabend um den schön ge-deckten Schabbattisch zu versammeln. Selbst als die Kinder schon größer waren und fürs Wochenende vielleicht andere Pläne hatten, zum Abendes-sen am Freitag zusammenzukommen, war stets ein schöner Abschluss der Woche. Auch wenn Ruth es als berufstätige Frau früher nicht schaffte, die Challe selbst zu backen, sondern geflochtene Mohnzöpfe kaufte (ihre Mutter protestierte dagegen heftig), der »schabbesdigen« Atmosphäre zu Hause tat dies keinen Abbruch.

Der Wechsel vom Arbeits- zum Ruhetag beginnt mit dem Kerzenanzünden und dem dazugehörigen Segensspruch auf Hebräisch: »Gelobt seist Du Herr, unser Gott, König der Welt, der Du uns durch deine Gebote geheiligt und aufgetragen hast, die Schabbatlichter anzuzünden.« Vor dem Beginn der Mahlzeit die Kinder zu segnen, ist ein schöner Brauch. Danach gibt es ein Lied vom Lob auf die tüchtige Hausfrau, »Eschet chajil«. Zwischen dem Se-gen über den Wein – alle nehmen hiervon einen Schluck – und dem über die Challe gehen die Gesetzestreuen auf alle Fälle noch einmal Händewaschen. Von dem gesegneten Brot bekommt dann jeder ein Stückchen, mit Salz be-streut. Und dann beginnt das wöchentliche Festmahl, mit Gefilte Fisch als Vorspeise.

In der Vorkriegsgeneration war dies und manches andere noch ganz traditionell eingehalten worden. Am Samstagmorgen ging man nüchtern zum Gebet. Darum gab es nach dem Heimkommen als Gabelbissen erst mal ein Stückchen Lekech, Hering, und dazu einen Wodka. Dann folgte das mehrgängige Essen. Als Jossi Melcer ein Kind war, saßen bei ihm zu Hause nicht nur drei Mädchen und fünf Jungen am Tisch, der Vater brachte auch stets Gäste, meist arme Durchreisende, aus der Synagoge mit, sodass es kaum ein Schabbatmittagessen mit weniger als einer fünfzehn- bis achtzehnköpfigen Gesellschaft gab. Da der Vater von Jossi Melcer ein frommer Mann war, kam ein sogenannter Schabbes-Goj ins Haus, ein Nichtjude, der das Feuer in Gang hielt und bei Bedarf das Licht anmachte.

Damals nahm man es auch mit der Hawdalah-Zeremonie zum Ausklang des Schabbat genau. Dazu gehört noch heute ein Segensspruch über einen Becher Wein, der über den Rand fließend voll sein soll, entsprechend dem Segen, den man erhofft, und das Schnuppern am Inhalt der Besomim-Büchse, einem Behältnis voll wohlriechender Gewürze. Damit möchte man gewissermaßen das erholsame Aroma des Schabbat in den Wochenbeginn mitnehmen. Und es gehört eine besondere geflochtene Kerze dazu; wenn ihre Flamme in dem ausgelaufenen Wein gelöscht wird, hat die neue Woche begonnen.

E.P.

בָּרוּךְ אַתָּה יְיָ אֱלֹהֵינוּ מֶלֶךְ הָעוֹלָם
בּוֹרֵא מְאוֹרֵי הָאֵשׁ:

»Gesegnet seist Du, Ewiger, unser Gott, König der Welt,
Schöpfer der Leuchtkräfte des Feuers.«

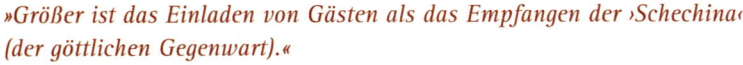

»Größer ist das Einladen von Gästen als das Empfangen der ›Schechina‹
(der göttlichen Gegenwart).«

Babylonischer Talmud, Traktat Schabbat 127a

Hunger

Was ich als Kind zu essen bekam, weiß ich nicht mehr. Meine Erinnerung an Essen beginnt mit dem Moment, als es so gut wie nichts mehr gab.

Im Lager von Bliżyn schliefen wir nur mehr auf Pritschen, zu essen gab es für mich jedoch immer noch etwas. Lebensmittel wurden von Polen für teures Geld über den Zaun gereicht. Meine Eltern hatten noch Geld, also hatten wir Essbares. Die Leute, die kein Geld hatten, hungerten bereits.

Im Sommer 1944 – kurz vor meinem neunten Geburtstag – kam ich mit meiner Mutter in Auschwitz an. Für mich, das behütete, verwöhnte Kind, war dort alles ein einziger Schock. Es gab kaum mehr etwas zu beißen. Nur Suppe und etwas Brot mit Margarine. »Sei froh, wenn du ein trockenes Brot hast«, hieß es. Mein Glück war es, dass ich von einer Blockältesten namens Olga »adoptiert« wurde. Bei ihr gab es noch Essen, weil sie einen Freund hatte, der sie versorgte. Ich bekam Brot mit Margarine, oft biss ich hinein, als ob ich es essen würde. In Wirklichkeit brachte ich es meiner Mutter, die es mit ihren beiden Schwägerinnen teilte. Ab und zu bekam ich auch einen Apfel. Es gab eine deutsche Aufseherin, die mich in der Kleiderkammer ausstaffierte und manchmal auf ihre Rundgänge mitnahm. Vielleicht stellte sie sich vor, sie könnte eine Tochter wie mich haben, Essen rückte sie jedoch niemals heraus.

So hübsch herausgeputzt, wie ich daherkam, brachte es die ukrainischen Wachmannschaften dazu, mir Bonbons vom Wachturm herunterzuwerfen. Bei solchen Gelegenheiten klaubte ich auch Zigarettenkippen für meinen Vater auf.

Zu dieser Zeit trafen Transporte mit ungarischen Juden ein. Die fasteten am Jom Kippur, dem höchsten jüdischen Feiertag, freiwillig. Sie waren noch nicht so ausgehungert und tauschten ihr Brot gegen Kerzen. Ich ging zu meiner Mutter und fragte, warum sie nicht fastete. »Ich brauche keinen Jom Kippur«, antwortete sie, »ich faste schon eine Ewigkeit.«

Als man Auschwitz abzubrechen begann, kam ich ins Zigeunerlager. Da lernte ich, was Hungern wirklich bedeutete. Es war eine trostlose Zeit des Dahinvegetierens. Nachdem die Aufseher und Peiniger überstürzt abgezogen waren, blieben wir tagelang allein. Ein paar von uns Kindern, die noch laufen konnten, schleppten sich von Birkenau ins benachbarte Stammlager Auschwitz, fanden dort Essen und Kleidung und beförderten die Sachen auf einem Schlitten zurück nach Birkenau. Am 27. Januar 1945 trafen Angehörige der Roten Armee als unsere Befreier ein.

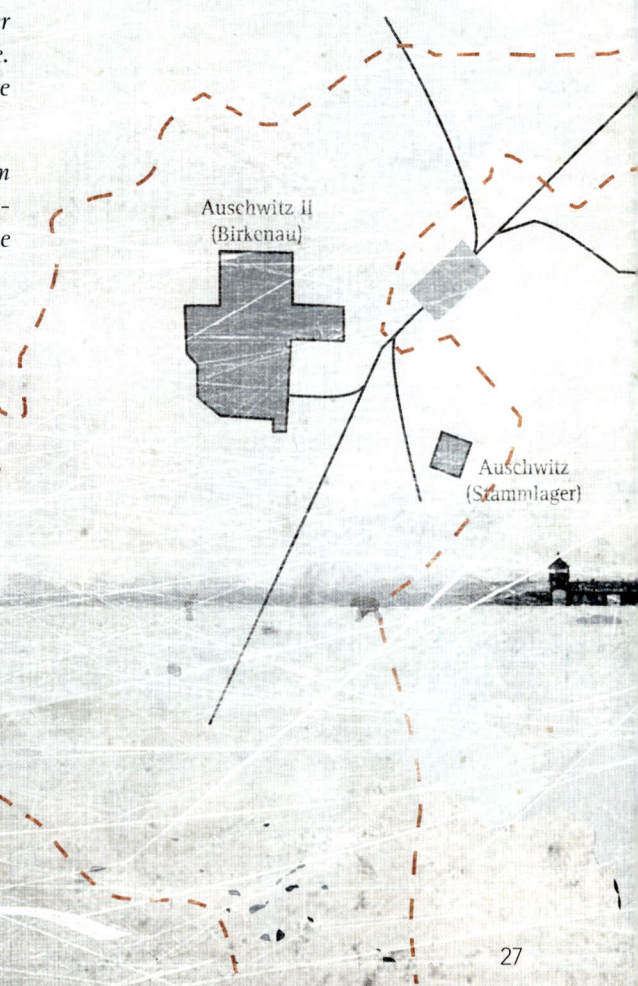

Auschwitz II
(Birkenau)

Auschwitz
(Stammlager)

27

Essen

Meine Mutter erzählte, dass ich als kleines Kind kränkelte und Essen verweigerte. Als Kind und Jugendliche nach dem Krieg habe ich wahnsinnig viel gegessen. Das fing sofort an, als ich 1945 nach Tomaszów Mazowiecki zurückkam. Innerhalb eines Jahres nahm ich fünfzehn Kilo zu. Ich konnte den ganzen Tag essen. Vielleicht war es die Angst, es würde nichts mehr geben. Ich habe gegessen, und man hat mir gegeben: Würstchen, belegte Brote, was immer ich wollte. 1948 war ich richtig moppelig. Als ich nach dem Abitur 1954 aus Israel zurückkam, hat meine Mutter mich kaum wiedererkannt und schleppte mich zum Arzt. Was sie für eine Stoffwechselstörung hielt, war eine Essstörung.

Den Kampf um das tägliche Essen während der Jahre der Verfolgung und Entbehrungen hatten meine Eltern erfolgreich gemeistert. Nun war ich nachträglich davon eingeholt worden. Das Trauma verstehen, war eine Sache, Abnehmen eine ganz andere. Zunächst reduzierte ich meine Nahrungsaufnahme radikal, hungerte mich mit einer Mahlzeit am Tag auf 48 kg herunter. Später, vernünftiger geworden, achtete ich auf wenig Fett, wenig Kohlenhydrate, griff lieber zu Quark oder Steak.

Einladung zum 12. Geburtstag von Ruth, Berlin 1947.

Heute bedeutet Essen für mich Gesellschaft, Gemeinschaft, wie ich das schon bei meinen Eltern kennengelernt habe. Alleine zu essen macht keine Freude. Essen zuzubereiten nur, wenn ich sehe, wie gut es allen an einem schön gedeckten Tisch schmeckt. Das ist Esskultur für mich.

Kochen für die Familie

Ich geb's zu: Kochen war für mich eine Pflicht, kein Vergnügen. Meine Kinder – geboren 1960, 1961 und 1964 – hatten jeweils andere Bedürfnisse. Trotz Berufstätigkeit richtete ich es ein, jeden Tag ein warmes Mittagessen auf den Tisch zu bringen und dabei auf die Besonderheiten der drei möglichst Rücksicht zu nehmen. Oft hatte ich gerade mal eine halbe Stunde Zeit zur Vorbereitung. Und oft brachten die Kinder Freunde mit, sodass wir mittags meist zu fünft bis sieb waren.

Seit dieser Zeit bin ich trainiert, drei Sachen nebeneinander zu machen – ganz anders als meine Mutter, die ruhig und systematisch eine Aufgabe nach der anderen erledigte. Sie war Hausfrau mit Leib und Seele, kümmerte sich um die Garderobe und das Wohl meines Vaters, hatte aber keinen blassen Schimmer davon, wie man einen Kontoauszug liest. Ich vermute, dass sie sich nicht einmal darum kümmerte, womit er sein Geld verdiente. Ganz im Gegenteil zu mir.

Ich wusste darüber sehr früh und so gut Bescheid, dass ich meinem Vater, der in seine ursprüngliche Branche, das Textil-Recycling, zurückgekehrt war, behilflich wurde und das Geschäft mit Woll- und Synthetik-Abfällen, aus denen Garne recycled wurden, schließlich ganz übernahm. Das machte mir entschieden mehr Spass und da hatte ich auch mehr Geduld als zum Kochen, das bis heute schnell gehen muss. Auf frische Zutaten habe ich allerdings stets Wert gelegt. Ein bisschen nach dem Motto meiner Mutter, die sehr sparsam war und darum nie das Billigste nahm, sondern nur das Beste und sich freute, wenn dies möglichst billig gelang.

Doch die besten Zutaten nützen nichts, wenn man nicht mit ihnen umzugehen weiß. Anfangs erledigte ich in der Küche alles, weil es halt sein musste, ohne Neigung und Können. Jossi musste das in den ersten Jahren unserer Ehe aushalten, denn nur Übung macht den Meister. Einmal setzte ich ihm ein Steak vor, zu dem ihm nur ein Kommentar einfiel: »Ich wusste, dass du Chemie studiert hast. Dass man das an einem Steak ablesen kann, war mir neu.« Genießbar war es wirklich nicht.

Als Ausgleich zur Arbeit und intensiven Kindererziehung entdeckte ich schon früh das Bridgespiel. Doch während ich dafür regelmäßig in einen Bridge-Club gehe, luden meine Eltern ihre »Spielgefährten« re- gelmäßig zu sich nach Hause ein. Meine Mutter war in ihrem Element, sie konnte Rommé spielen (mit Leidenschaft, doch nicht besonders gut) und zur Freude der Gäste ihre Spezialitäten auftischen (worin sie eine Meisterin war).

חלה

געפילטע פיש

זיסער קארבפיש

הערינג אין זויערע סמעטענע

מארינירטער הערינג

איינגעמיערטע אוגערקעס

קאלבס מאלער

געהאקטע לעבער

מאטיעס מיט ציבעלע

חריין

לוי אי מיט ציבעלע

ציבעלע אי

Vorspeisen

ערשטע פּאָרציעס

CHALLA *(hebr.) oder Challe (jidd.), die am Schabbat und zu anderen festlichen Anlässen – außer Pessach – serviert wird. Die Rundform des Gebäcks soll an den Kreislauf des Lebens erinnern.*

Die Diskussion mit meiner Mutter zog sich über viele Jahre hin. Ich behauptete: »Eine moderne Frau backt keine Challe!« Meine Mutter hielt dagegen, es gehe ganz schnell und schmecke ganz anders als eine gekaufte. Seitdem ich sie selbst backe, weiß ich, wie recht sie hatte.

Challah

»Selbst wenn alle Frauen die gleichen Zutaten nehmen und nach dem selben Rezept die Challa backen, wird sie bei jedem anders schmecken«

Rabbanit Malka Levin

Challa

Zutaten für 1 Challa

1 kg	Mehl
1½ Würfel	Hefe
400–600 ml	lauwarmes Wasser
8	gut gehäufte EL Zucker
2	Eier
65 ml	Öl
½ TL	Salz

Das Mehl in eine große Schüssel (Durchmesser ca. 26 cm) geben, eine Mulde in die Mitte drücken. Die Hefe in 200 ml lauwarmem Wasser auflösen und in die Mulde geben. 2 gut gehäufte EL Zucker darübergeben, eine Prise Mehl als »Decke« darüberstreuen, und die Schüssel mit einem Tuch abgedeckt an einem warmen Platz bis zu 30 Minuten stehen lassen. Ein kleiner Trick: Man kann die Teigschüssel zugedeckt für etwa 20 Minuten bei 50 °C in den Backofen stellen.

Aufgegangenen Teig, restlichen Zucker, 1 Ei, Öl, 200 bis 400 ml warmes Wasser und Salz in eine Küchenmaschine geben. Kräftig durchkneten lassen, bis der Teig weich und elastisch ist. Weitere 15 Minuten gehen lassen.

Backofen auf 180 °C (Ober- und Unterhitze) vorheizen. Wenn der Teig deutlich, etwa bis zum Schüsselrand, aufgegangen ist – jetzt kommt der schwierige Teil! – versucht man, daraus Challes zu formen.

Die einfache Variante: Man nimmt ein Stück Teig, rollt es mit der Hand und bildet eine Schnecke. Je nach Teigmenge kann man Brötchengröße (auch Barches genannt) oder einen größeren Laib produzieren. Die aufwendigere Variante: Man formt drei Teigstränge, rollt die Enden der Stränge dünner und flicht einen Zopf. Die dünneren Enden steckt man unter den fertigen Zopf. Auf ein mit Backpapier belegtes Blech legen. Restliches Ei verquirlen und die Challa damit bestreichen. Dann im Ofen in etwa 30 Minuten goldgelb backen.

Challes lassen sich auch prima einfrieren. Dann holt man sie am Verbrauchstag vormittags aus dem Tiefkühlfach und legt sie vor dem Abendessen für 5 Minuten in den vorgeheizten Backofen.

Gefilte Fisch

Traditionell wird »Gefilte Fisch« aus Karpfen hergestellt, deren Köpfe mitgekocht und dem Hausherrn zum Essen angeboten werden. Auch mein Mann Jossi ließ sich das nicht entgehen, vor allem an Rosch Haschana.

»Gefilte Fisch« gehört zu den aufwendigeren Klassikern der osteuropäischen jüdischen Küche. Serviert wird er zum Abendessen bei Schabbatbeginn oder zum Festmahl nach Anbruch eines Feiertags wie dem Neujahrsfest. Er wird kalt gegessen und daher mindestens einen Tag vorher zubereitet. Wenn es also mit dem Kocherfolg beim ersten Mal nicht klappen sollte, hat man noch genug Zeit, etwas anderes für den nächsten Abend vorzubereiten. Außerdem darf man nicht mit allseitiger Zustimmung rechnen. »Gefilte Fisch« polarisiert, die einen lieben ihn, die anderen können – gerade wegen seiner zart süßlichen Note – nichts damit anfangen.

Blick in ein Fischgeschäft in Brooklyn / New York

Adam und Eva wohnen im Paradies, schöner und friedlicher kann man es nicht haben.
Die Menschen wie die Tiere leben vegetarisch. Und wovon träumt Adam:
»Nu, wir sind im Garten Eden, aber was würde ich geben für ein Stück ›Gefilte Fisch‹!«

Gefilte Fisch

Am Schabbat oder an hohen Feiertagen serviert man Gefilte Fisch mit Challe und Meerrettich, weiß oder rot. Oft wird unter dem Begriff »Gefilte Fisch« nur die Füllung serviert.

Solange meiner Mutter selbst kochte, bereitete sie den Gefilten Fisch für mich zu, so wie ihn meine Tochter inzwischen von mir bekommt. Als meine Mutter mit gut über achtzig keine Kraft mehr dazu hatte, saß sie in meiner Küche und beschränkte sich auf die entsprechenden Kommandos.

Zutaten für 6–8 Personen

1 ganzer Karpfen (ca. 1,5 kg, geschuppt und ausgenommen)
  Salz, Zucker und Pfeffer

Für die Fischmasse

1 kg Fischfilets (Karpfen, Hecht, Renke oder Zander, am besten gemischt)
2 ½ große Zwiebeln
2 hart gekochte Eier
2 rohe Eier
20 g geschälte ganze Mandeln
2–3 geputzte Karotten

Die Bauchseite des Karpfens muss unverletzt sein, das heißt, das Fischgeschäft muss den Karpfen entsprechend ausnehmen! Den Fisch in etwa 2 cm dicke Scheiben schneiden. Mit 1 TL Salz, 2 EL Zucker und Pfeffer würzen, mit Folie abdecken und über Nacht kühl stellen.

Die Fischfilets sorgfältig entgräten. 1 ½ Zwiebeln und hart gekochte Eier schälen. Diese Zutaten durch einen Fleischwolf drehen. Die Masse auf ein Brett geben, mit Zucker, Salz und Pfeffer gut würzen. Dann die rohen Eier dazuschlagen und das Ganze gründlich mit einem Hackmesser hacken, dabei durchmischen. Sollte die Konsistenz zu flüssig sein, eventuell 1 TL Semmelbrösel oder – an Pessach Matzemehl – untermischen.

Einen großen, flachen Topf mit kaltem Wasser füllen. Die Karotten an drei Seiten der Länge nach einkerben und in ca. ½ cm dicke Scheiben schneiden. Restliche Zwiebel schälen und würfeln. Karotten, Zwiebel und Mandeln ins kalte Wasser legen.

1 Karpfenscheibe auf die Hand legen, mit der Fischmasse nicht zu dick bestreichen und mit einem nassen Messer glatt abziehen. Vorsichtig ins kalte Wasser legen. Die Scheiben dürfen im Topf übereinanderliegen.

Es wird Fischteig übrig bleiben. Aus der restlichen Fischmasse flache Bällchen formen, und ebenfalls ins Wasser geben. Das Wasser aufkochen lassen, dann die Hitze reduzieren und das Ganze langsam in mindestens 1 ½ bis 2 Stunden gar köcheln lassen. Die Brühe sollte während des Garens oft probiert werden, weil man mit Zucker, Salz und Pfeffer nachwürzen muss.

Anschließend den Topf abkühlen lassen. Die Fischscheiben vorsichtig herausnehmen. Den Sud über einem Sieb abgießen und auffangen, kühl stellen, damit er geliert. Die Karottenscheiben als Garnitur auf die Karpfenscheiben legen.

Das Gericht wird kalt serviert. Den Sud als kalte Sauce dazu reichen.

Süßer Karpfen

Zutaten für 6 Personen
1 ganzer Karpfen (ca. 1½ kg, geschuppt und ausgenommen)
Salz, Zucker und Pfeffer
2–3 Karotten
1–2 mittelgroße Zwiebeln

Den Fisch in etwa 2 cm dicke Scheiben schneiden. Mit 1 TL Salz, 2 EL Zucker und Pfeffer würzen, mit Folie abdecken und über Nacht kühl stellen.

Karotten schälen und in Scheiben schneiden. Zwiebeln ebenfalls schälen und würfeln. Einen großen, flachen Topf mit kaltem Wasser füllen. Karotten, Zwiebeln und Karpfenscheiben hineinlegen und 1 Stunde kochen lassen.

Den Sud mit Pfeffer, Salz und Zucker abschmecken. Dann abkühlen lassen, die Fischscheiben auf einer Platte anrichten, den Sud durch ein Sieb passieren und im Kühlschrank gelieren lassen.

Herschel Ostropoler (eine Art jüdischer Till Eulenspiegel) kam einmal in einen Ort, wo nur noch ein einziges jüdisches Wirtshaus offen hatte. Die Frau des Gastwirts wollte den von der Reise verstaubten Fremden, der aussah, als ob er keinen Groschen bei der Seele hätte, nicht bedienen. »Wenn das so ist, dann werde ich wohl tun müssen, was mein Vater getan hat.« – Die Frau bekam es mit der Angst zu tun und fragte nach, was das sei. – »Mein Vater«, so Herschel, »hat nur getan, was er tun musste.« Die Gastwirtin sah ihre letzte Stunde gekommen und lenkte ein: »Wartet!« Gleich darauf kehrte sie zurück mit einem voll beladenen Teller. Der Gast machte sich über das gute Essen her und schien am Ende mehr als zufrieden und satt zu sein. Nun wagte sie noch einmal nachzufragen: »Werter Herr, was war es, das Ihr Vater getan hat?« – »Mein Vater? Wenn es nichts zu essen gab, ist er halt hungrig zu Bett gegangen.«

Hering in saurer Sahne war eine Spezialität meiner Tante Reginka. Fisch gilt als »parwe« (neutral), kann also als Vorspeise vor einem fleischigen wie milchigen Hauptgericht serviert werden. Die Variante mit der sauren Sahne passt – wenn man die Speisegesetze berücksichtigt – allerdings nur vor ein fleischloses Essen.

Hering in saurer Sahne

Zutaten für 4 Personen

4 Matjesfilets
2 große Zwiebeln
250 g saure Sahne
4 EL Mayonnaise
1–2 TL Zucker (je nach Geschmack)

Die Matjesfilets in ca. 2 cm große Stücke schneiden. Die Zwiebeln schälen und in Ringe schneiden. Beides in eine Glasschale geben. Die restlichen Zutaten zu einer Sauce vermischen und diese über Hering und Zwiebeln verteilen. Bis zum Verzehr in den Kühlschrank stellen und das Ganze auf einmal verbrauchen.

Im 3. Buch Mose, 11, 9–12, ist genau aufgelistet, welche im Wasser lebenden Tiere zum Verzehr geeignet sind und welche nicht. Die Aussage ist ganz klar: »Alles, was Flossen und Schuppen hat im Gewässer, in Meeren oder Flüssen, die [!] dürft ihr essen.«

Alles, was man – außer Fischen – als Meeresfrüchte bezeichnet, wäre somit verboten.

Marinierte Heringe

מאַרינירטע הערינג

Zutaten für 1 großes Glas

7	Heringe (Milchner, d.h. männliche, geschlechtsreife Fische)
375 ml	Essig (Essigessenz mit Wasser verdünnt 1:6)
½ Päckchen	getrocknete Lorbeerblätter
½ Päckchen	Wacholderbeeren
4 EL	Zucker
4	geschälte Zwiebeln

Die Heringe säubern und die Köpfe abschneiden. 24 Stunden lang wässern, dabei das Wasser mehrmals wechseln.

Essig, Lorbeerblätter, Wacholderbeeren und Zucker aufkochen, dann kühl stellen. Milchner (Fischsperma) durch ein Sieb streichen und unter den leicht abgekühlten Sud mengen.

Die Heringe in 3 cm große Stücke und die Zwiebeln in Ringe schneiden. Heringsstücke und Zwiebelringe in Schichten in ein großes Glas geben. Den abgekühlten Essigsud darübergießen und das Ganze mindestens 24 Stunden ziehen lassen.

Meine Gäste lieben Hering als Vorspeise, es ist ein beliebter Appetizer vor dem Tscholent, nach meinem Gefühl aber eher für Herbst und Winter geeignet.

Ein frommer Jude, erkennbar an seinem chassidischen Outfit, mit Schläfenlocken, Bart und schwarzem Kaftan, sitzt im Zug. Ausgerechnet ein Kosak setzt sich zu ihm ins Abteil. Kosaken haben sich im Laufe der Geschichte oft und blutig als Antisemiten bewiesen. Und so dauert es nicht lange und der Kosak fängt an, sein Gegenüber zu provozieren: »Hör mal, wie kommt es eigentlich, dass ihr Juden so schlau seid?«

Der Angesprochene verzieht keine Miene und antwortet. »Weil wir so viel Hering essen.« Dabei holt er eine Büchse mit Heringen hervor und verzehrt genussvoll einen davon.

Das Aroma steigt dem Kosaken in die Nase und bringt ihn auf eine Idee: »Wie viele Heringe hast du?« – »Mindestens ein Dutzend.«

»Was kosten sie, ich kauf sie dir ab«, sagt der Kosak in einem Anflug von Höflichkeit, denn er hätte sie auch einfach wegnehmen können. »Dreißig Rubel.«

Zähneknirschend zahlt der Kosak und macht sich sofort über die Heringe her. Kaum hat er den ersten verdrückt, schreit er auf: »Ich Idiot! Beim nächsten Halt hätte ich am Bahnsteig für das Geld ein ganzes Fass Heringe kaufen können!«

Darauf sein Gegenüber: »Seht Ihr, es beginnt schon zu wirken.«

Eingelegte Gurken

Für Salzgurken eignen sich am besten Gurken mit einer Länge von 10 bis 12 cm. Bei Salzgurken unterscheidet man zwischen solchen, die bald gegessen werden, und Gurken, die mehrere Monate halten sollen. Das Rezept ist für 1 Kilo berechnet, aber natürlich macht man meist sehr viel mehr davon.

Salzgurken zum baldigen Verzehr

Zutaten für 1 kg

1 kg	Einlegegurken, etwa 10–12 cm lang
	Salz
1	Knoblauchzehe
1	kleines Stück Meerrettich, etwa 3 cm
	große Dillzweige mit Samen

Die Gurken gründlich waschen. Eng in ein großes Glas oder einen großen Tontopf schichten. Dann mit kaltem Salzwasser (1 gehäufter EL Salz auf 1 Liter Wasser) übergießen, die Gurken sollten vollständig davon bedeckt sein.

Knoblauchzehe und Meerrettich schälen, in nicht zu feine Scheiben schneiden und hinzufügen sowie reichlich Gewürzdill.

Einen kleinen Teller zum Abdecken auf das Glas oder den Tontopf legen, mit einem Stein beschweren, mit einem Küchentuch abdecken und dann nach Geschmack stehen lassen, mindestens aber 5 Tage. Die Gurken werden salziger und weicher, je länger sie durchziehen.

Salzgurken für den Winter

Zutaten für 1 Schraubglas mit 750–1000 ml Inhalt

1 kg Gurken, etwa 10–12 cm lang
1 Knoblauchzehe, geschält
1 sehr kleines Stück rote Peperoni
1 kleines Stück Meerrettich, geschält
Dillzweige
Salz

Die Gurken gut waschen, senkrecht in ein Schraubglas schichten. Knoblauch, Peperoni, Meerrettich und Dill zufügen. Mit heißem Salzwasser übergießen (1 gehäufter EL Salz auf 1 Liter Wasser).

Das Glas sehr fest verschließen, auf ein Küchentuch stürzen und 1 Tag auf dem Kopf stehen lassen. Danach umdrehen und kühl, am besten im Keller, lagern. Diese Gurken halten den ganzen Winter.

Salzgurken für den Winter

Scheindel Sender schickt ihre Dienstmagd zum besten Metzger von Chelm. Sie soll nachsehen, ob er Kalbsfüße hat. Nach einiger Zeit kommt sie zurück.
»Wie sieht's aus?« –
»Ich konnte es nicht sehen, gnädige Frau, er hatte Schuhe an.«

Früher war Galle oder Kalbssülze eine beliebte wie preiswerte Vorspeise. Heute ist es schwierig, bei einem Metzger (ob koscher oder nicht) überhaupt Kalbsfüße aufzutreiben.

Es ist ein typisch ostjüdisches Gericht, wurde früher gerne am Schabbat zum Kiddusch gereicht, ist auch als Appetizer vor einem Tscholent geeignet. Gut gewürzt mit viel Knoblauch ist es geeignet, jeden Vampir auf Abstand zu halten.

Kalbssülze

Zutaten für 4–6 Personen

4 Kalbsfüße
4–5 Lorbeerblätter
1 Handvoll Wacholderbeeren
2 Knoblauchzehen, geschält
1 Petersilienwurzel, in groben Stücken
1 Zwiebel, geschält und geviertelt
Salz, Pfeffer

Die Kalbsfüße gründlich waschen. Gemeinsam mit Lorbeerblättern, Wacholderbeeren, Knoblauchzehen, Petersilienwurzel und Zwiebel in einen großen Topf geben. Mit kaltem Wasser auffüllen, bis alles bedeckt ist. Erhitzen, einmal aufkochen lassen und mit Salz und Pfeffer würzen. Dann halb zugedeckt etwa 2½ Stunden leise köcheln lassen, bis sich das Fleisch vom Knochen löst.

Die Kalbsfüße herausnehmen. Die Brühe durch ein feines Sieb abseihen und das Gemüse wegwerfen.

Das Fleisch von den Knochen lösen, durch einen Fleischwolf drehen und zurück in den leeren Topf geben. Die Fleischmasse mit der doppelten Menge abgeseihter Brühe aufgießen.

Das Ganze noch einmal aufkochen lassen, erneut mit Salz und Pfeffer würzen. Den Topf vom Herd nehmen, abkühlen lassen und die Masse in eine große, flache Schale gießen, sie sollte höchstens 5 cm hoch sein.

Die Sülze zum Gelieren mehrere Stunden oder über Nacht kühl stellen. Nach dem Erkalten nach Belieben das oben abgesetzte Fett entfernen.

Roter oder weißer Meerrettich ist ein Muss dazu!

ONCE A YEAR, WHEN THE DOCTOR ALLOWS

(Einmal pro Jahr, wenn's der Arzt erlaubt)

Hinweis auf der Speisekarte von »Sammy's Roumanian«, einem jüdischen Spezialitätenrestaurant in der Lower East Side in New York, hinter dem Angebot von gehackter Leber.

Früher meinte man, Kinder müssten unbedingt Leber essen, weil die so gesund sei. Inzwischen empfiehlt man – wegen der Schadstoffbelastung – Leber höchstens einmal pro Monat zu genießen. Die einzige Form, in der ich meinen Kindern Leber verabreichen konnte war als gehackte Leber.

Mein Sohn Micki meint noch immer, dass alles mit der Hand gehackt werden müsse – wie bei Oma Hanna. Da er gerne und gut kocht, kann er das in seiner Küche gerne so halten. Ich weiß auch hier die Dienste einer Küchenmaschine zu schätzen.

Gehackte Leber

Zutaten für 6–8 Personen

5	Zwiebeln
	Pflanzenöl
500 g	Kalbsleber, Hähnchenleber oder zu gleichen Teilen gemischt
5	hart gekochte Eier
	Salz und Pfeffer

Die Zwiebeln schälen, in der Maschine hacken und in Öl glasig braten. Dann herausnehmen. Die Leber gründlich säubern, von etwaigen Häuten befreien und in Scheiben schneiden. Etwas Öl in derselben Pfanne, in der die Zwiebeln gebraten wurden, erhitzen. Die Leberscheiben darin braten.

Anschließend in der Küchenmaschine grob hacken. Die hart gekochten Eier ebenfalls grob hacken. Leber, Eier und Zwiebeln in eine große Schüssel geben, gut durchmischen, 1–2 EL Öl dazugeben, bis die einzelnen Zutaten sich gut verbinden. Kräftig mit Salz und Pfeffer würzen.

Die gehackte Leber mit Salzgurken und Radieschen garnieren. Dazu isst man gerne Challa und Meerrettichcreme.

In einer Menüfolge mit ausschließlich milchigen Speisen würde diese Vorspeise entfallen.

Manche Hausfrau verwendet für die geschmeidige Konsistenz statt des Pflanzenöls lieber Hühnerschmalz mit Grieben. Das schmeckt köstlich, widerspricht aber cholesterinbewusster Ernährung. Wer also zuviel gehackte Leber isst und das nicht verträgt, hat – auf Jiddisch gesagt – »gehackte Zores«, das heißt so richtig Kummer im Sinne von Bauchweh.

Hinweis: In der traditionellen jüdischen Kochschule gab und gibt es bis heute sehr strenge Auflagen, wonach das in der Leber vorhandene Blut optimal zu entfernen ist, nämlich durch intensives Waschen, Einsalzen und Abbrennen über offener Flamme.

Matjes mit Zwiebeln

Zutaten für 1 Schraubglas mit 500 ml Inhalt

400 g	Matjesfilets
2–3	mittelgroße Zwiebeln
	Pflanzenöl

Die Matjesfilets in 2 cm breite Streifen schneiden. Die Zwiebeln schälen und in Ringe schneiden.

Den Boden eines Schraubglases mit Matjesstreifen bedecken, mit einer Schicht Zwiebeln belegen. So fortfahren, bis Matjes und Zwiebeln aufgebraucht sind. Mit Pflanzenöl auffüllen, bis Matjes und Zwiebeln gut bedeckt sind. Das Glas verschließen und kühl lagern. Bei Bedarf die jeweils benötigte Menge Matjes entnehmen.

Auch in Chelm muss am Jom Kippur eisern gefastet werden. Sender Simpel hält es nicht aus und jammert beim Rabbiner: »Ich kann nicht mehr, ich sterbe vor Durst.« Weil die Gesundheit eines Menschen niemals gefährdet werden darf, lässt er dem offensichtlich Leidenden einen halben Teelöffel Wasser bringen. Das reicht aber nicht, denn das Gejammer geht weiter. Wenn ein Leben auf dem Spiel steht, ist der Rabbiner der Erste, der für Hilfe sorgen muss. Schließlich hat Reb Simpel sechs Teelöffel voll Wasser verdrückt und es geht ihm sichtlich besser. »Danke, danke vielmals. Und ich verspreche Euch, so wie heute Jom Kippur ist, dass ich an so einem Fasttag nie wieder Hering zum Frühstück essen werde...«

Geriebener Meerrettich

›Kren‹

Mein Sohn Micki kann sich noch gut erinnern, wie meine Mutter Hanna in der Küche stand und den Meerrettich mit der Hand auf einer Küchenreibe rieb, – und er besteht bis heute darauf, dass man den Unterschied zur Küchenmaschine schmeckt. Seien Sie gewarnt, es ist so oder so Tränen treibend!

Weißer Meerrettich

1 Stange	Meerrettich, frisch und fest
	Saft von 3–4 Zitronen
4–5	gehäufte EL Zucker

Den Meerrettich sorgfältig schälen, kurz in kaltes Wasser legen und anschließend mit der Küchenmaschine ganz fein reiben – oder mit der Hand, und weinen.

Mit Zitronensaft und Zucker verrühren.

Eventuell mit 1–2 TL kaltem Wasser verdünnen. Der Meerrettich sollte süß und scharf sein!

Roter Meerrettich

1 Stange	Meerrettich, frisch und fest
1	große oder 2 kleine gekochte Rote Bete
	Saft von 2–3 Zitronen
2 EL	Zucker

Zubereitung wie beim weißen Meerrettich, nur entfällt das Einlegen in kaltes Wasser, weil die Rote Bete ebenfalls gerieben wird und die Schärfe des Meerrettich mildert.

Frage an einen Gast: »Wo willst du sitzen?« – »Wo der rote Meerrettich steht.«

Rührei mit Zwiebeln

Eine beliebte Vorspeise im Hause Melcer, die gern mit Challa und geräucher-
tem Lachs gegessen wird, ist Rührei mit Zwiebeln. Die folgenden Angaben
gelten pro Person und sind entsprechend der Größe der Tischrunde zu multi-
plizieren. Als frisches, schnell zubereitetes Gericht ist es zum Fastenbrechen
nach Jom Kippur bei uns beliebt.

Zutaten pro Person
1   mittelgroße Zwiebel
1 EL Butter, ersatzweise Margarine oder 1 EL Öl
Salz, Zucker
1–2 Eier, je nach Größe der Zwiebel

Die Zwiebel schälen und mit der Küchenmaschine nicht zu fein hacken. Butter in
einer beschichteten Pfanne erhitzen, die Zwiebel dazugeben, mit Salz und einer Prise Zucker würzen und goldgelb anbraten. Zum Schluss das Ei untermischen, unter
Rühren fertig backen.

Ist anschließend ein Essen mit Fleisch geplant, ist die Butter durch Margarine oder
Pflanzenöl zu ersetzen.

Diese Eierspeise lässt sich mit Salzgurken, Radieschen und Petersilie schön anrichten. Dazu reicht man die traditionelle »Challe«, einen Hefezopf, der ohne Milch und
Butter zubereitet, sowohl zu milchigen als auch fleischigen Speisen passt.

Jom Kippur, der »Versöhnungstag«, gilt als wichtigster Einzelfeiertag im Jahr.
Er findet eine Woche nach dem Neujahrsfest statt. Es ist ein Fasttag, an dem
man um Vergebung für die Verfehlungen des Vorjahrs betet. Der Tag beginnt
gemäß der jüdischen Zeitrechnung grundsätzlich am Abend, daher gilt auch
das Fasten vom Vorabend, dem Erew Jom Kippur, bis zum Anbruch der Nacht
am darauf folgenden Abend. Essen und Trinken sind untersagt; das gilt aber
nicht für Kinder, Schwangere und Kranke.

Baron Rothschild macht auf einer Osteuropa-Reise Station in Witebsk, der
Geburtsstadt von Marc Chagall. Zum Frühstück kehrt er in einem kleinen
jüdischen Café ein. Als man ihm die Rechnung bringt, staunt er: »Das ist doch
viel zu teuer: Zwanzig Rubel für zwei Eier! – Gibt's in dieser Gegend zu wenig
Eier?« – Darauf der Gastwirt: »Genug Eier, aber zu wenig Rothschilds.«

Zwiebel-Ei

›Cebulka‹

Zutaten für 4–6 Personen

3 große helle Zwiebeln

reines Pflanzenöl

8 Eier

Salz, Pfeffer

Die Zwiebeln schälen, fein hacken und in einer Pfanne in Pflanzenöl bei geringer Hitze goldbraun braten, sie sollten noch schön saftig sein.

Währenddessen die Eier hart kochen, dann mit kaltem Wasser abschrecken und schälen.

Die Eier zerdrücken, die gerösteten Zwiebeln dazu und alles gut vermischen.

Mit Salz und Pfeffer würzen.

Rezept von Ellen Presser

In der »neutralen« Variante: einen Spritzer Pflanzenöl dazugeben. Zum Verfeinern eignen sich Hühnerschmalz und/oder gebratene, gehackte Hühnerleber. In dieser »fleischigen« Variante: etwas Hühnerschmalz mit Grieben darunter mischen – ein schlichtes, doch kalorienhaltiges Gericht.

פארבעל

קאשע

קארטאפל קניידלעך

לאקסן

בלינצי

וויסער קרויט

זיסער קרויט

צימעס

בלומענקרויט

שפינאט

בעריק

Beilagen

ביילאגען

An das Farfel-Rezept meiner Mutter erinnere ich mich gut, weil es dabei – wegen des heftigen Hackens – immer sehr laut zuging.

Farfel

Zutaten

225 g	Mehl
1 EL	kaltes Wasser
2	Eier
1 TL	Salz

Alle Zutaten miteinander vermengen, bis ein glatter Teig entsteht. Den Teig in semmelgroße Portionen teilen und auf einem Brett zum Trocknen auslegen.

Nach ca. 3 Stunden – wenn der Teig gut durchgetrocknet ist – mit einem Messer in die Größe von Graupen zerhacken. Den Backofen auf 180 °C vorheizen. Ein Backblech mit Backpapier auslegen und die entstandenen Streusel darauf auslegen.

Die Farfel im Ofen in etwa 10 Minuten goldgelb backen. Zwischendurch durchmischen, damit sie von allen Seiten gleichmäßig gebräunt werden.

Die getrockneten Farfel lassen sich in einer Dose sehr gut länger aufbewahren.

Zum Verzehr kochen. Hierfür 400 ml Wasser mit 1 TL Salz aufkochen und 200 g Farfel hineingeben. Etwa 14 Minuten köcheln lassen, bis sie weich, aber nicht matschig sind. Nach Bedarf immer wieder etwas warmes Wasser dazu geben. Die Farfel schmecken am besten mit Sauce oder angebräunten Zwiebeln.

Eine kosmopolitische Küche

Wer in den Rezepten anderer stöbert, schaut manchmal als erstes nach Vertrautem. Man möchte wissen, ob die betreffende Speise so zubereitet wird, wie man's kennt. Ob man einen neuen Kniff erfährt. Oder ob es sich so befremdlich anhört, dass man nach der Methode – das haben wir schon immer so gemacht – beim Altbewährten bleibt.

Sollten Sie hier Kischke, Knyschy oder Kigl suchen, werden Sie nichts dazu finden. Denn ein gefüllter Darm, die Teigschnecke oder ein kugelförmiger Nudelauflauf gehör(t)en offensichtlich nicht zu den Leibspeisen der Familien Cukierman und Melcer, obwohl es sich um ganz traditionelle ostjüdische Gerichte handelt. Genau das ist der Punkt. Ein Familienkochbuch ist kein kurz gefasstes Lehrbuch oder Nachschlagewerk, sondern der Blick ins private Nähkörbchen, besser gesagt in den Familienkochtopf, in zum Teil eigenwillig abgewandelte Rezepte, in die Biographie ihrer Schöpferinnen.

Die jüdische Küche insgesamt ist eine internationale, man könnte im besten Sinne des Wortes sagen, eine kosmopolitische. Denn mit den Einwanderern, Zuwanderern und sich Akkulturierenden haben jüdische Hausfrauen ihre angestammten Zutaten mit dem vor Ort Vorrätigen und oft Besten der neuen Umgebungskultur kombinieren gelernt.

Zur Vielfalt, und manchmal auch zur Verwirrung, trägt bei, dass die jüdische Küche – ob in der ostjüdischen, westjüdischen, sephardischen, orientalischen oder persischen Ausrichtung – nicht einmal gleichbedeutend mit koscher ist. Ostjüdische Küche spielt auf den Kulturkreis an, aus dem sie stammt; und natürlich korrespondieren viele Spezialitäten mit dem religiösen Brauchtum. Doch man findet jüdische Restaurants, in denen die koscheren Speisegesetze so großzügig ausgelegt werden, dass manchmal nicht mal mehr der Ausdruck »kosher style« zutrifft. Andererseits kann man in New York oder Paris professionell geführte Restaurants mit chinesischen, thailändischen, französischen oder italienischen Spezialitäten finden, in denen selbst Rabbiner essen würden. Dann nämlich, wenn ein Koscher-Zertifikat des zuständigen Rabbinats bestätigt, dass die Gebote der Kaschrut eingehalten sind.

E. P.

KOSHER ZERTIFIZIERT

Kasche

Zutaten

1 EL	Pflanzenöl
250 g	Buchweizen
	Salz

Pflanzenöl in einer Pfanne erhitzen, Buchweizen hinzufügen und kurz anrösten.

In der Zwischenzeit in einem Topf 500 ml Wasser erhitzen und salzen. Dann den Buchweizen ins kochende Wasser geben und mindestens 30 Minuten köcheln lassen. Bei Bedarf etwas warmes Wasser nachgießen.

Als Beilage zu einem Fleischgericht wird Buchweizen mit der dazugehörigen Sauce serviert. Man kann Kasche auch allein als Zwischenmahlzeit essen. Dann gehört 1 fein gehackte, in einer Pfanne mit etwas Pflanzenöl geröstete Zwiebel darüber.

Zi kasche brocht men nit kajn zehn.

Zu Kasche braucht man keine Zähne.   *Jiddisches Sprichwort*

Kartoffelknödel

קארטאפל קניידלעך

Zutaten für 4–6 Personen

1 kg	mehlig kochende Kartoffeln
1	Ei
1½ TL	Salz
2 EL	Mehl
1 EL	Öl

500 g Kartoffeln schälen und weich kochen. Dann mit einem Kartoffelstampfer fein zerdrücken.

Restliche Kartoffeln schälen und fein reiben. In ein sauberes Küchentuch geben und über einem Sieb gut ausdrücken. Gekochte und rohe Kartoffelmasse mit Ei, ½ TL Salz und Mehl vermengen.

In einem Topf reichlich Wasser mit restlichem Salz und Öl zum Kochen bringen. Inzwischen aus der Kartoffelmasse kleine Knödel formen. Die Knödel vorsichtig ins siedende Wasser gleiten lassen. Sobald die Knödel an die Wasseroberfläche steigen, noch weitere 2 Minuten bei reduzierter Hitze ziehen lassen. Mit einem Schaumlöffel herausnehmen und auf einen flachen Teller legen.

Diese Kartoffelknödel sind zum baldigen Verzehr gedacht. Man serviert sie mit gerösteten Zwiebeln oder mit reichlich Sauce.

Ich zerkleinere die Kartoffeln seit jeher mit meiner Küchenmaschine, andere schwören darauf, dass die Kartoffeln handgerieben sein müssen.

Kartoffelpuffer – Latkes

Zutaten für 4–6 Personen

1 kg	mehlig kochende Kartoffeln
1	Zwiebel
2	Eier
1 EL	Mehl
	Salz
	Pfeffer
	Olivenöl

Kartoffeln schälen und fein reiben. Die Masse in ein sauberes Küchentuch geben und über einem Sieb das Wasser leicht ausdrücken. In eine Schüssel geben. Die Zwiebel schälen und fein reiben. Zur Kartoffelmasse geben. Die Eier aufschlagen, verquirlen und zufügen. Mehl, Salz und Pfeffer zugeben und das Ganze gut vermengen. Werden die Puffer zu Fleisch gereicht, kann man reichlich würzen. Sind die Kartoffelpuffer als süße Hauptmahlzeit mit Apfelmus gedacht, sollte man Salz und Pfeffer sparsam verwenden.

Nun Olivenöl in einer großen Pfanne erhitzen. Von der Masse mit einem Esslöffel relativ kleine Häufchen abstechen, in die Pfanne geben, leicht flach drücken und von beiden Seiten goldbraun braten. Darauf achten, dass sie nicht zu dunkel werden.

Ist das Öl verbraucht, kein frisches aufgießen, sondern das Restöl entfernen und die Pfanne auswischen. Erst dann frisches Öl in die Pfanne geben, erhitzen und die nächste Lage Kartoffelpuffer ausbacken. Die Puffer auf Küchenpapier gut abtropfen lassen.

Ob man von Kartoffelpuffer, Reiberdatschi oder – im Jiddischen – von »Latkes« spricht, sie sind auf jeden Fall ein einfaches Essen, das sich früher auch ärmere Leute erlauben konnten. Inzwischen sind Latkes mit Lachs und Doppelrahmfrischkäse (cream cheese) oder feinem Meerrettich zur kleinen Delikatesse geworden.

Latkes sind – wie alles in Fett Gebackene, also auch Krapfen, Ausgezogene, Berliner – eine typische Speise für die Chanukka-Zeit im Dezember jedes Jahres. Das Chanukka-Fest erinnert ja an ein Öl-Wunder im Tempel von Jerusalem ca. 165 v. u. Z.

Gefüllte Blini

Zutaten für 8 Stück

Für den Pfannkuchenteig

1	Ei
110 g	Mehl
240 ml	kohlensäurehaltiges Wasser (mittlere Stärke)
140 ml	kalte Milch
1	Messerspitze Salz
	Pflanzenöl zum Ausbacken

Für die Blini

500 g	mehlig kochende Kartoffeln
	Salz, Pfeffer
150 g	Zwiebeln
	Pflanzenöl

Für die Pfannkuchen die Teigzutaten verrühren und 30 Minuten zugedeckt im Kühlschrank ruhen lassen. Inzwischen die Kartoffeln schälen und in Salzwasser weich kochen. Die Zwiebeln abziehen, fein hacken und in etwas Öl bei geringer Hitze goldgelb braten.

In einer beschichteten Pfanne (21 cm Durchmesser) ½ TL Pflanzenöl erhitzen. Pro Pfannkuchen 1 kleine Schöpfkelle Teig in die Pfanne geben. Den Pfannkuchen binnen ca. 2 Minuten von beiden Seiten goldgelb ausbacken. Der Teig ergibt etwa 8 Stück.

Die Kartoffeln zerstampfen und mit gerösteten Zwiebeln, Salz und Pfeffer vermischen. Auf jeden Pfannkuchen 2 EL Kartoffelmasse geben. Den Pfannkuchen wie ein Päckchen zusammenschlagen. Öl in einer großen Pfanne erhitzen und die Blinipäckchen darin ausbacken. Auf Küchenpapier abtropfen lassen und sofort servieren.

Statt der Kartoffeln kann man auch Pilze verwenden.

Sauerkraut

זאוערקרויט

Zutaten

ca. 1 kg	Rindfleisch (am besten Zwerchrippe)
	Salz
800 g–1,6 kg	Sauerkraut
1	Karotte, geschält und gewürfelt
1	Petersilienwurzel, geschält und gewürfelt
1 TL	Wacholderbeeren
2	Lorbeerblätter
2	mittelgroße Zwiebeln
	Pflanzenöl
	Essig
	Pfeffer

Das Fleisch gründlich waschen, trocken tupfen und salzen. In einen großen Topf legen. Sauerkraut, Karotte, Petersilienwurzel, Wacholderbeeren und Lorbeer zufügen. Mit kaltem Wasser auffüllen. Erhitzen und zugedeckt etwa 2 Stunden köcheln lassen.

Zwiebeln schälen, würfeln und in etwas Öl glasig braten. Unter das Sauerkraut mengen. Das Ganze mit Essig, Salz und Pfeffer abschmecken.

»Das Sauerkraut ist ein echt deutsches Essen; die Deutschen haben es erfunden und lieben und pflegen es mit aller Zärtlichkeit, welcher sie fähig sind.«

Ludwig Börne

Süßes Kraut schmeckte bei Tante Reginka in Israel immer ganz besonders gut.

Als ich Zuhause versuchte, es nach ihren Angaben zu kochen, stellte ich fest, dass es bei mir völlig anders schmeckte. Also rief ich in Israel an, was damals ein teurer Spaß war. Tante Reginka sagte: »Oj, hab' ich ganz vergessen, dir zu sagen, man muss eine Mehlschwitze machen!« Ich probierte es also mit Mehlschwitze. Es schmeckte immer noch anders! Also rief ich wieder an. Diesmal sagte sie: »Oj, hab' ich ganz vergessen, dir zu sagen, man muss immer wieder Zucker und Essig dazugeben!«

So ging das etliche Male hin und her – dieses ›Süße Kraut‹ hat mich ein Vermögen gekostet.

Ich in München

Süßes Kraut

Zutaten

1	großer Kopf Weißkohl
2 EL	Margarine
1	Tomate, geschält und gewürfelt
1	säuerlicher Apfel, geschält und gewürfelt
1	Handvoll Rosinen
	Salz
	Paprikapulver, scharf
	Obstessig
	Zucker
1–2 EL	Mehl

Den Weißkohl putzen, waschen und hobeln. Mit kochendem Wasser übergießen, einige Minuten stehen lassen, dann abgießen.

In einem großen Topf ein wenig Margarine erhitzen, das Kraut dazugeben, kurz anschmoren und mit 600 bis 800 ml Wasser ablöschen.

Tomate, Apfel, Rosinen, Salz, Rosenpaprika, 50 ml Obstessig und gute 2 EL Zucker dazugeben. Das Ganze mindestens 1 Stunde köcheln lassen, besser sind 2 Stunden.

Zum Schluss ein wenig Margarine in eine Pfanne geben. Das Mehl darin hellgelb anschwitzen, bei geringer Hitze unter Rühren weitergaren, bis sich das Mehl vollkommen aufgelöst hat. Die Mehlschwitze in das Kraut geben.

Das Kraut sollte sowohl sauer als auch süß sein, also muss man immer wieder Essig und Zucker unterrühren. Im behutsamen Abschmecken liegt der Erfolg.

Süßes Kraut ist als Beilage zu Fleisch wie Geflügel und Braten bestens geeignet.

Ich hoffe, es ist mir gelungen, dieses Rezept verständlich wiederzugeben, ohne etwas zu vergessen. Denn Tante Reginka können wir nicht mehr anrufen.

An Rosch Haschana stellt man kein Salz auf den Tisch, dafür gibt es Apfelschnitze in Honig getunkt, gemäß dem Wunsch, dass das neue Jahr ein süßes und gutes werden möge. Man sollte auch auf saure oder bittere Speisen verzichten. Eine beliebte Beilage ist darum bei mir jedes Jahr »Zimmes«. Ich kenne zwei Varianten: *Karotten mit Rosinen im Topf* oder *Karotten mit Trockenpflaumen* in einer Reine im Backofen zubereitet.

Zimmes

Zutaten

1 kg	Karotten
ca. 200 g	Trockenpflaumen
1 TL	Salz
1 EL	Honig
1 EL	Zucker
2 EL	Pflanzenöl oder Margarine
200 ml	warmes Wasser
	Saft von 1 Zitrone

Die Karotten schälen und in Würfel schneiden. In einen Topf geben. Die Trockenpflaumen vierteln und zufügen, ebenso Salz, Honig, Zucker, Öl oder Margarine. Das Ganze mit 200 ml warmem Wasser auffüllen und langsam zum Kochen bringen.

Zitronensaft untermischen und alles ca. 30 Minuten köcheln lassen.

Dann 1 bis 1½ Stunden bei 150 °C im Ofen weiterschmoren lassen. Bei Bedarf etwas warmes Wasser nachgießen. Schwimmen dürfen die Karotten keinesfalls! Am Schluss das Karottengemüse probieren und mit Salz, Zucker oder auch einem Schuss Zitronensaft nachwürzen, es sollte leicht süß schmecken.

Ojf jenems simche hot men tomid a gutn apetit.
Bei einem fremden Fest hat man immer guten Appetit.

Jiddisches Sprichwort

Blumenkohl

בלומענקרויט

Zutaten

1 Kopf	Blumenkohl
	Salz
1	Ei
4 EL	Semmelbrösel oder Matzemehl
	Pflanzenöl

Den Blumenkohl im Ganzen oder in größeren Röschen – bedeutet etwas kürzere Garzeit – in einem Topf mit Salzwasser weich kochen.

Herausnehmen und auf Küchenpapier abtropfen lassen. Ganzen Blumenkohl in größere Röschen teilen. Das Ei verquirlen. Die Röschen durch die Eimasse ziehen und in Semmelbröseln oder Matzemehl wenden.

In einer Pfanne reichlich Pflanzenöl erhitzen und Röschen darin rundum goldbraun und knusprig ausbacken.

Spinat

Zutaten

1 kg	Spinat (frisch oder tiefgekühlt)
1 TL	Salz
20–50 g	Butter
1 TL	Semmelbrösel
2–3	Eier

Spinat in einem Topf mit etwas Wasser und Salz bissfest garen. Abgießen und auf einem Brett grob hacken. Die Butter in einer Pfanne erhitzen, bis sie leicht glasig wird. Dann den Spinat hineingeben und die Semmelbrösel darüberstreuen. Das Ganze 5 bis 10 Minuten dünsten. Die Eier verquirlen, darübergeben und alles kurz weitergaren, bis die Eimasse leicht stockt.

Wenn der Spinat als Fleischbeilage dient, sollte man statt der Butter Pflanzenmargarine nehmen.

Rote Bete

Zutaten

1 kg	Rote Bete
1 TL	Salz
	Saft von 1 großen Zitrone
	Zucker

Die Rote-Bete-Knollen waschen. In einem Topf mit kaltem Wasser bedecken, Salz und Zitronensaft (auf 1 kg Rote Bete den Saft von mindestens 2 kleinen Zitronen rechnen) zufügen und das Ganze zum Kochen bringen. Die Rote Bete, je nach Größe der Knollen, sie sollten nicht zu groß sein, in 45 Minuten bis 1 Stunde weich kochen.

Anschließend abgießen, schälen und in dünne Scheiben schneiden oder raspeln. Mit Zitronensaft und Zucker abschmecken.

Bekannter ist die pikante Variante mit Salz und Pfeffer.

Man kann die Rote Bete auch ganz fein schneiden, in einer Pfanne mit etwas Butter anbraten und mit Zitronensaft, Salz und Zucker abschmecken.

Die beschriebenen Gemüsesorten mögen heutigen Konsumenten altmodisch vorkommen, doch es gab und gibt sie bis heute in Osteuropa. Kraut und Rüben im wahrsten Sinne des Wortes sind billig zu haben. Wer eine Datscha, d. h. einen (Schreber-) Garten sein Eigen nennt, kann sich damit recht gut selbst versorgen.

In früheren Zeiten – ohne Gefrierkombinationen und künstliche Konservierungsmittel – lebte man noch mehr im Einklang mit der Natur, aß Kartoffeln, die man gut lagern konnte, das ganze Jahr, eingelegtes Kraut gerne auch im Winter, es war einer der wichtigsten Vitaminlieferanten.

גאלדענע יאך

קרוסניק

קירעמעלעך

פוילישע באָרשט

קרוסט

רייסישע באָרשט

פערלגרויפען-פילץ זופ

מילכיקע קארטאפל-פאָרע זופ

Suppen

זופען

Hühnersuppe – »Goldene Joach«

גאלדענע יאך

Ein Klassiker der jüdischen Küche ist die Hühnersuppe oder wie es auf Jiddisch heißt »Goldene Joach«. Die goldgelbe Farbe kommt vom darin enthaltenen Fett. Heute denkt man gesundheitsbewusst und entfernt es. In früheren Zeiten war vor allem wichtig, dass das Essen nahrhaft war.

Meine Mutter Hanna erinnerte sich noch daran, dass sie in ihrer Kindheit regelmäßig vor Schabbatbeginn mit Hühnersuppe zu kranken Nachbarn geschickt wurde. Manche Leute waren so arm, dass das Überbringen von Suppe und Challa für sie Festtagsatmosphäre bedeutete.

Im klassischen Rezept ist stets vom Huhn die Rede, ich ziehe das Fleisch eines jungen Gockels vor, es ist weniger fett und schneller gar. Je mehr verschiedene Fleischsorten man nimmt, desto gehaltvoller gerät die Suppe. Am Gemüse sollte man keinesfalls sparen.

Der Joach werden seit jeher fast magische Heilkräfte nachgesagt. Man nennt sie »Jüdisches Penicillin«, weil sie Kranken einfach guttut. Inzwischen hat sich die Forschung des Phänomens angenommen. Offenbar entsteht beim Garen von Hühnerfleisch mit Gemüse in der Brühe eine dem Penicillin wirkungsähnliche Substanz.

Zutaten für 6–8 Personen

1	Suppen- oder Brathuhn, ca. 2 kg
	Salz
500 g	Rindfleisch, Zwerchrippe oder flache Schulter
500 g	Kalbfleisch oder ein Stück Truthahn
1	Karotte
	mehrere Stangen Sellerie oder 1 Sellerieknolle
2	Petersilienwurzeln
2	Röschen Blumenkohl
1 Stück	Kohlrabi
	Dill nach Belieben
1–2	Stangen Lauch
1	Zwiebel
1	Knoblauchzehe

Das Huhn gut waschen, vierteln und rundum salzen. In einen großen Topf mit kaltem Wasser legen. Die anderen Fleischsorten ebenfalls waschen, salzen und zufügen. Das gesamte Fleisch sollte von Wasser bedeckt sein. Den Topf erhitzen und das Ganze einmal aufkochen lassen. Während das Wasser heiß wird, das Gemüse putzen bzw. schälen und klein schneiden.

Den aufsteigenden Schaum im Topf entfernen. Das Gemüse zugeben und das Ganze halb zugedeckt köcheln lassen. Nach etwa 1 Stunde Garzeit das Huhn herausnehmen. Restliches Fleisch weiter kochen, bis es weich ist. Dann ebenfalls herausnehmen.

Die Brühe durch ein Sieb abgießen und abkühlen lassen. Dann kann man nämlich von der Oberfläche das Fett abnehmen – je nach Geschmack.

Als Suppeneinlage eignen sich Kreplach (Teigtaschen), Krust (Teigschleifen) oder Lokschen (Nudeln).

Das gekochte Suppenfleisch wird warm mit geriebenem Meerrettich gegessen, oder man löst es von den Knochen und verwendet es für »Das Gericht« (s. S. 123).

Als »Resteverwertung« für den nächsten Tag bietet sich für das gekochte Huhn an, es klein zu schneiden, mit Spargel- und Ananas-Stücken und 2 hart gekochten zerkleinerten Eiern zu vermengen. Ergibt einen schmackhaften Salat!

Ellens Mutter servierte ihre Hühnersuppe stets mit fein geschnittenen Hühnerfleischstückchen und Karotten- und Selleriescheiben, die vor dem völligen Zerkochen aus der Brühe gefischt wurden. Bei mir zu Hause wollte aber nie jemand diese Reste in der Suppe haben.

Krupnik

קרופניק

Vor allem im Winter, wenn es kalt war und man ein wärmendes Essen brauchte, kochte meine Mutter Hanna oft Krupnik. Das war eine Lieblingssuppe meines Mannes Jossi.

Zutaten für 4–6 Personen

125 g	Graupen
150 g	große weiße Bohnen
50 g	getrocknete Steinpilze
ca. 500 g	Suppenfleisch vom Rind oder Truthahnfleisch
	Salz
1	Petersilienwurzel, klein geschnitten
1	kleine Karotte, gewürfelt
2	mehlig kochende Kartoffeln
1	Zwiebel
	Öl
	Pfeffer

Die Graupen und die weißen Bohnen über Nacht in Wasser einweichen.

Die Steinpilze in 200 ml kaltem Wasser etwa 20 Minuten einweichen.

Suppen- oder Truthahnfleisch gut waschen, salzen und in einen großen Topf mit kaltem Wasser legen. Topf erhitzen und das Wasser aufkochen lassen.

Nach etwa 10 Minuten den aufsteigenden Schaum mit einem Schaumlöffel entfernen. Graupen und weiße Bohnen abgießen und zufügen. Die Suppe halb zugedeckt 30 Minuten kochen lassen.

Dann Petersilienwurzel, Karotte und ausgedrückte Steinpilze dazugeben. Zugedeckt 1 Stunde köcheln lassen.

Kartoffeln schälen und fein würfeln. Zwiebel schälen, hacken und in etwas Öl goldgelb braten. Kartoffeln sowie die gebratene Zwiebel zur Suppe geben. Noch etwa 10 Minuten kochen lassen, bis die Kartoffeln weich sind. Mit Salz und Pfeffer abschmecken. Falls die Suppe zu dick wird, warmes Wasser nachgießen. Das Fleisch herausnehmen, in mundgerechte Stücke schneiden und wieder in die Suppe geben. Krupnik heiß servieren.

Kreplach sind eine Suppeneinlage und ein Gericht speziell für die Feiertage – die Herstellung ist ein bisschen kompliziert, die Teigtaschen schmecken aber so gut, dass man es versuchen sollte.

Das Rezept stammt von meiner Mutter. Ich habe ihr immer assistiert und durfte nur die Kreplach kleben, unter den Augen meiner Mutter, die ständig sagte: »Fest kleben! Fest kleben!«. Wenn beim Kochen dann ein Krepl aufging, war der Kommentar meiner Mutter: »Aha! Ruth hat geklebt!«

Kreplach

קרעפלעך

Zutaten für etwa 30 Stück

Für den Teig

200 g	Mehl
5	Eier
1 TL	Salz
125 ml	Wasser

Für die Füllung

150 g	Kalbsleber
	Pflanzenöl
150 g	gekochtes Hühnerfleisch
150 g	gekochtes Rindfleisch
1	kleine Zwiebel
1	Ei
	Salz und Pfeffer

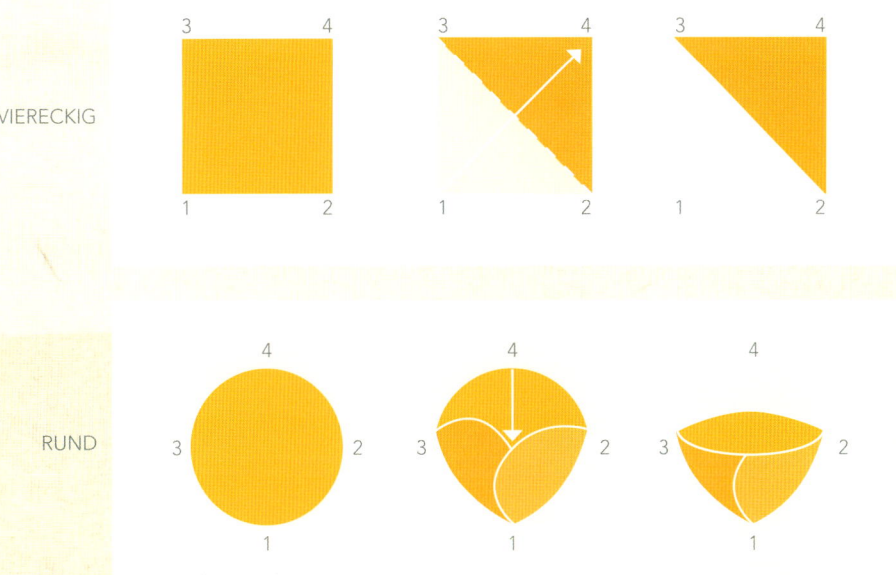

VIERECKIG

RUND

Das Mehl auf ein Arbeitsbrett häufen, in die Mitte eine Mulde drücken. Die Eier hineinschlagen, Salz sowie Wasser zufügen und das Ganze mit beiden Händen zu einem elastischen Teig verkneten. Ist er zu klebrig, noch etwas Mehl unterarbeiten.

Die Leber sorgfältig von etwaigen Häuten befreien. In einer Pfanne in Öl pro Seite etwa 2 Minuten anbraten. Anschließend zusammen mit dem Hühner- und Rindfleisch durch einen Fleischwolf drehen. Die Zwiebel schälen, fein hacken, in Öl goldgelb anbraten. Das durchgedrehte Fleisch zur Zwiebel geben und unter Zugabe von reichlich Öl kurz braten lassen. Dann das Ei dazugeben, durchrühren, und das Ei stocken lassen. Kräftig mit Salz und Pfeffer würzen. Die Füllung abkühlen lassen, dann erneut mit Salz und Pfeffer abschmecken.

Den Teig etwa 3 mm dick ausrollen. Etwa 30 Vierecke ausschneiden oder mit einem Teeglas 30 Kreise ausstechen.

Auf jedes Viereck oder jeden Kreis etwa 1 TL Füllung in die Mitte setzen. Die Teigränder über der Füllung fest »zukleben«, das heißt wie bei Ravioli zusammendrücken. Die Kreplach leicht bemehlen und auf einer Platte ruhen lassen.

Reichlich Wasser gemeinsam mit 1 EL Salz und etwas Öl in einem Topf zum Kochen bringen. Die Kreplach hineingleiten lassen und garen, bis sie an die Oberfläche steigen. Dann vorsichtig mit einem Schaumlöffel herausnehmen und nebeneinander auf eine Platte legen. Nicht übereinander schichten!

Pro Person einige Kreplach in einen tiefen Teller legen, mit heißer Suppe übergießen und servieren.

Kreplach lassen sich sehr gut einfrieren. In einzelne Lagen, getrennt durch Alufolie, schichten und einfrieren. Bei Bedarf gefroren in heißes Wasser legen. Sobald das Wasser aufkocht, die Hitze reduzieren und die Kreplach etwa 10 Minuten ziehen lassen.

Bei den Pressers gab es diesen Borschtsch meist ohne Eigelb. Dann nämlich kann man ihn aufwärmen und heiß servieren, eine köstliche Ergänzung zu einem winterlichen Mittagessen.

Polnischer Borschtsch

Zutaten für 6 Personen

1 kg	Rote Bete
1 TL	Salz
2 EL	Zucker
	Saft von 1–2 Zitronen
1	Eigelb

Die Rote Bete schälen, in Scheiben schneiden und in einen Topf mit so wenig kaltem Wasser legen, dass sie gerade bedeckt sind. Mit Salz, 1 EL Zucker und Zitronensaft aufkochen und dann etwa 45 Minuten zugedeckt köcheln lassen, bis die Rote Bete weich ist.

Die Flüssigkeit durch ein Sieb in einen Krug abgießen, die Rote Bete ist im besten Falle so ausgekocht, dass sie für jede weitere Verwertung nicht mehr geeignet ist.

Das Eigelb mit dem restlichen Zucker verquirlen und unter den Rote-Bete-Saft rühren. Eventuell noch einmal mit Zitronensaft abschmecken.

Als Getränk kalt servieren. Eignet sich als Ergänzung zu Fleischgerichten.

Jankel beschließt im Restaurant zu essen. Kaum steht der Kellner vor ihm, bestellt er das Tagesmenü: »Als Vorspeise bitte gehackte Leber, danach einen polnischen Borschtsch und gefüllte Kalbsbrust. Und als Dessert, lassen Sie mich überlegen, Mischobst-Kompott.« Darauf der Kellner: »Sie sind ja Hellseher! Woher wissen Sie das?« Darauf der Gast: »Kein großes Kunststück – ich hab bloß das Tischtuch studiert.«

Meine Mutter verlangte von mir, dass ich mich neben das heiße Fett stelle und aufpassen sollte, wann die Krust fertig wären. Aber kann man sich vorstellen, dass ich daneben stehe und warte, bis etwas fertig ist? Kann man nicht! Ich habe also eine Menge verbrannte Krust aus dem Fett fischen müssen, wenn meine Mutter gerade nicht hinguckte ...

Als Suppeneinlage zur Hühnerbrühe sind Krust besonders geeignet. Aber mit Zucker bestreut wird ein Dessert daraus. Das Rezept stammt von Tante Reginka.

Krust

Zutaten für 6–8 Personen

150 g	Mehl, evtl. etwas mehr
2	ganze Eier
3	Eigelb
1 Prise	Backpulver
1 Prise	Vanillinzucker
	etwas Zucker
1	gestrichener TL Salz
1	Schuss Wodka
	Öl zum Ausbacken

Das Mehl auf ein Arbeitsbrett häufen, in die Mitte eine Mulde drücken. Die Eier hineinschlagen, Eigelbe, Backpulver, Vanillinzucker, Zucker, Salz und Wodka hinzufügen. Das Ganze mit beiden Händen zu einem elastischen Teig verkneten. Ist er zu klebrig, noch etwas Mehl unterarbeiten.

Den Teig etwa 3 mm dick ausrollen. In 4 bis 5 cm große Quadrate schneiden. Die Quadrate in der Mitte schräg einschlitzen und die zwei gegenüberliegenden Ecken durch den Schlitz ziehen. Auf diese Weise entstehen quasi »Schleifen«.

Reichlich Öl erhitzen. Die Krust darin portionsweise schwimmend goldgelb ausbacken. Mit einem Schaumlöffel herausnehmen und auf Küchenpapier abtropfen lassen. Das Öl eventuell mehrmals wechseln, damit die Krust nicht zu dunkel ausbacken.

Man kann Krust durchaus längere Zeit trocken lagern. Bei Bedarf legt man ihn in einen tiefen Teller und übergießt ihn mit heißer Suppe.

Russischer Borschtsch

Zutaten für 4–6 Personen

½	Karotte
1	kleines Stück Sellerie
1 Stange	Lauch
2–3	Knoblauchzehen
750 g	Beinfleisch oder Zwerchrippe vom Rind
	Salz
1 Handvoll	getrocknete Pilze
5–6	Wacholderbeeren
1,5 kg	Rote Bete
200 g	Weißkraut
750 ml	Rote-Bete-Saft (1 Flasche)
	Pfeffer
	Zucker
ca. 2 EL	Zitronensaft

Karotte, Sellerie, Lauch und Knoblauch schälen bzw. putzen. Das Gemüse klein schneiden. Fleisch waschen, salzen und in einen großen Topf mit kaltem Wasser legen. Gemüse, Pilze und Wacholderbeeren zufügen. Das Ganze aufkochen lassen. Den aufsteigenden Schaum abschöpfen. Etwa 1 Stunde kochen lassen, bis das Fleisch weich ist.

Inzwischen die Rote Bete schälen und fein hobeln. Das Weißkraut waschen, putzen und ebenfalls hobeln. Das Fleisch herausnehmen, sobald es weich ist.

Rote Bete und Weißkraut in den Topf geben. Den Rote-Bete-Saft angießen und die Suppe nochmals 1 Stunde zugedeckt köcheln lassen. Mit Salz, Pfeffer, Zucker und Zitronensaft abschmecken. Das Fleisch herausnehmen, klein schneiden und in der Suppe erneut heiß werden lassen.

Hinweis: Wenn Sie bereits geschälte, vakuumverpackte Rote Bete verwenden, verkürzt sich die Garzeit nach Zugabe von Rote Bete und Weißkraut auf etwa 30 Minuten.

Nach dieser Arbeit sollte man keine gesellschaftliche Verpflichtung im Sinn haben. Rote Bete hinterlassen an den Händen nämlich Spuren wie nach schwerer Gartenarbeit. Die Hände mit Zitronensaft abreiben hilft ein bisschen. Wer zum Kochen Gummihandschuhe anziehen möchte, sollte besser essen gehen.

Graupen-Pilz-Suppe

Zutaten für 4 Personen

1 EL	Graupen
1	Karotte
1 Stück	Sellerie
500 g	Beinfleisch (Spannrippe vom Rind)
	Salz
2	mittelgroße mehlig kochende Kartoffeln
1 Handvoll	getrocknete Steinpilze
	Pfeffer

Die Graupen über Nacht in Wasser einweichen.

Am nächsten Tag Karotte und Sellerie schälen und grob würfeln. Das Fleisch in einem Topf mit Wasser aufkochen lassen. Karotte und Sellerie zufügen. Das Ganze salzen und etwa 1 Stunde halb zugedeckt köcheln lassen.

Kartoffeln schälen, würfeln und gemeinsam mit Graupen hinzufügen. Nach weiteren 10 Minuten die Steinpilze. Das Ganze so lange köcheln lassen, bis die Kartoffeln weich sind. Die Suppe mit Salz und Pfeffer abschmecken.

Das Mengenverhältnis von Fleisch, Gemüse und Graupen hing vom Geldbeutel ab. Hatte man kaum Fleisch, dann kamen mehr Kartoffeln und Graupen hinein. Bei ärmeren jüdischen Familien in Osteuropa vor dem Zweiten Weltkrieg hieß die Reihenfolge: nahrhaft und günstig. Und wenn man fromm war, auch noch koscher. Umso schlimmer war es, wenn der Hausfrau aus Versehen ein Tropfen Milch in eine fleischige Speise geriet oder sie mit einem Löffel für ›Milchiges‹ in einem Topf für Fleischgerichte umrührte. Dann musste man zum Rabbiner, um Rat einzuholen.

Milchige Kartoffel-Lauch-Suppe

מילכיקע קאַרטאָפֿל-פּאַרעי זופּ

Zutaten für 4 Personen

500 g	mehlig kochende Kartoffeln
1	Karotte
1 Stange	Lauch
1 EL	Butter
	Salz und Pfeffer
2–3 EL	saure Sahne
4 EL	frisch gehackter Dill

Die Kartoffeln und die Karotte schälen, beides würfeln. Den Lauch putzen, waschen und in Ringe schneiden.

Kartoffeln und Karotte in einen Topf geben und mit kaltem Wasser auffüllen, bis das Gemüse gut bedeckt ist. Aufkochen lassen, mit Salz würzen und die Butter zufügen. Etwa 20 Minuten köcheln lassen.

Dann die Lauchringe zufügen und die Suppe erneut 10 bis 15 Minuten köcheln lassen. Mit Salz und Pfeffer abschmecken.

Den Topf vom Herd ziehen und die saure Sahne mit etwas Suppenflüssigkeit verrühren, dann unter die Suppe mischen.

Jede Portion mit frisch gehacktem Dill bestreuen.

Eine leichte Sommersuppe, die auch hervorragend zu Schawuot passt.

תרומת

פסח-זמל

טשאלנט

מצה-קניידלעך

פסחדיקע קעז קוכן

פסחדיקע שאקאלאד קוכן

מאנדעל מאקראנען

מאנדעל שפענדל קיכל

מאנדעל קוכן

ניסל-מאנדעל טארט

Speisen für
Pessach

פסחדיקע שפייזען

Pessach

Auch bei Pessach (gilt aber auch für Chanukka und Purim, Schawuot und Sukkot) gibt es eine Verquickung von historischen Vorkommnissen und göttlichem Wirken. Das heißt, das eine kann man annehmen, weil es auf Fakten basiert, zumindest auf deren Überlieferung, das andere fällt in den Bereich des Glaubens. An Pessach lesen Juden, wo immer auf der Welt sie zu Hause sein mögen, beim Seder-Mahl die Geschichte vom Auszug aus Ägypten. Das scheinbar allmächtige Selbstbild der Pharaonen und die Fron von Sklaven, die beim Pyramidenbau ausgebeutet wurden, ist ein durch die Archäologie bewiesenes Faktum. Der Aufbruch der Israeliten unter ihrem Anführer Moses Richtung Kanaan, die Anteilnahme des Schöpfers an ihrer vierzigjährigen Wanderung durch die Wüste, in der sie zu einer Religions- und Volksgemeinschaft zusammenwuchsen, ist eines der wichtigsten Narrative, vermutlich sogar das zentrale, der jüdischen Tradition.

Pessach ist das erste der drei Wallfahrtsfeste, zu denen man zur Zeit des Ersten und des Zweiten Tempels nach Jerusalem zog, um dort die Opfergaben abzuliefern. Pessach im Frühling, Schawuot im Sommer und Sukkot im Herbst stehen im Einklang mit dem Rhythmus der Natur, denn was man brachte, waren stets die ersten Früchte, die Ergebnisse der Ernte, die ersten und besten als rein geltenden Tiere, um dem Schöpfer zu danken, dass er wachsen und gedeihen lasse, was die Menschen zum Leben brauchten.

Das Wort »Pessach« bedeutet »Überschreitung«. Im 2. Buch Mose (Exodus) 12, 27, wird beschrieben, dass die Häuser der Israeliten von der zehnten Plage, dem Tod des Erstgeborenen, verschont blieben, weil sie Lämmer als Pessachopfer geschlachtet und ihre Türpfosten markiert hatten. Der Todesengel überging also ihre Häuser.

Pessach fällt gemäß dem jüdischen Jahreszyklus, der stets im Herbst beginnt, in den siebten Monat Nissan (März/April bzw. April/Mai). Nissan entsprach in nachbiblischen Zeiten der Jahreszeit, in der man Gerste erntete.

Das Pessachfest spiegelt vier verschiedene Momente wider: die Erinnerung an die »Überschreitung« und das Motiv der Befreiung (von der Sklaverei). Es ist ein Frühlingsfest und das Fest der ungesäuerten Brote, der »Mazze«, weil man beim überstürzten Aufbruch keine Zeit hatte zu warten, bis der Brotteig lange genug geruht hatte, und als Wegzehrung ganz schnell trockene Fladen ausbuk.

Gemäß dem 2. Buch Mose 12, 15 soll Gott Mose aufgetragen haben: »Sieben Tage sollt ihr ungesäuertes Brot essen; doch am ersten Tage müsset ihr Sauerteig wegschaffen aus euren Häusern«. Heute beginnt das Ausmisten und Entsorgen oft schon tagelang vorher. Die Vorbereitungszeit auf Pessach mündet jedes Jahr automatisch in einen gründlichen Frühjahrsputz. Jeder Krümel wird entsorgt, Lebensmittel mit abgelaufenem Haltbarkeitsdatum haben bei der gebotenen Gründlichkeit keine Chance, durchzurutschen.

Wenn man außerhalb jüdischer Kreise etwas über Pessach weiß, dann das: eine Woche lang (in Israel sieben Tage, in der Diaspora acht Tage) wird kein Brot gegessen. Als »Chamez«, Gesäuertes, gelten bei aschkenasischen Juden auch alle üblichen Teigwaren wie Nudeln, Spätzle, Semmeln und Kuchen, und zur Sicherheit hat man das Verbot auch auf Reis und Hülsenfrüchte ausgedehnt, was die sephardischen Juden jedoch nie übernommen haben.

Grundlage ist die Überlegung, dass Getreidesorten wie Roggen, Gerste, Weizen und Hafer, wenn sie länger als 18 Minuten mit einer Flüssigkeit wie Wasser in Kontakt kommen, zu gären beginnen (könnten). Mazze muss also so schnell gebacken werden, dass man dieses Zeitfenster nicht überschreitet, und entsprechend trocken und krümelig ist das Ergebnis. Aber auch so geschmacksneutral, dass es sich als Brotersatz für pikante Aufstriche eignet oder als Ausgangsprodukt für die Herstellung von Backwaren aller Art. Jüdische Hausfrauen haben die Einschränkung, an diesen Tagen nur mit Kartoffelmehl und Matzemehl statt mit gewöhnlichem Mehl kochen und backen zu können, als Herausforderung begriffen. Und so zaubern sie feine Eiernudeln ohne ein Stäubchen Mehl, kreieren köstliche Kuchen aus Nüssen oder Schokolade oder schlicht Brötchen aus Matzemehl.

Man scheuert nicht nur Herdzeile, Kühlschrank und Küchenschränke. Wer es sich erlauben kann, holt ein spezielles Pessachgeschirr für diese Woche hervor. Das ist dann oft ein besonders schönes Porzellanservice. Kann man sich kein eigenes Pessachgeschirr leisten, muss das gläserne und das metallene Kochgeschirr sowie Besteck gekaschert, also einer besonderen rituellen Reinigungsprozedur unterzogen werden. Ton und Porzellan sind davon allerdings ausgeschlossen; die kann man wegen der darin enthaltenen Poren nicht so gründlich – wie erforderlich – reinigen. Die Rundumerneuerung bezog in früheren Zeiten auch die Kinder mit ein, die zu Pessach oft die einzigen neuen Anziehsachen bekamen.

E. P.

Koscherer Wein

Damit ein Wein als koscher anerkannt ist, muss vom Anpflanzen des Weinstocks an alles genau kontrolliert sein. Auf der Fläche dürfen nur Weinreben angebaut werden. Die Ernte der ersten vier Jahre darf nicht zur Weinherstellung verwendet werden. Im siebten Jahr darf überhaupt nicht geerntet werden (das gilt übrigens auch für den Ertrag auf Feldern und in Obstgärten). Zwei Monate vor Erntebeginn darf nicht mehr organisch gedüngt werden. Zum Klären und Filtern dürfen keine tierischen Substanzen wie Enzyme, Stierblut, Gelatine oder Kasein verwendet oder Zucker bzw. Schwefel als Geschmacksverstärker hinzugefügt werden. Geräte zur Herstellung von koscherem Wein dürfen nicht anderweitig verwendet, die Weinflaschen nur einmal befüllt werden. Mindestens ein Prozent der Weinerzeugung ist zugunsten von Bedürftigen abzugeben und nicht weiterverkäuflich. Alkohol der Weintraube, Kartoffel oder Mais gilt als koscher. Alkohol aus verdorbenem Obst oder Obstresten ist nicht koscher. Die Einhaltung all dieser Vorschriften ist zu kontrollieren. Diese Aufsicht kann nur einem Juden obliegen, der »Schomer Schabbat ist«, das heißt der ein Hüter der Schabbatruhe ist und auch einen koscheren Haushalt führt.

Ferner unterscheidet man beim Wein »Jaijn mewuschal« bzw. »Jaijn lo mewuschal«. Wird ein Wein einer »Blitz-Pasteurisierung« bei ca. 80 Grad unterzogen gilt er als »mewuschal« und kann von jedermann geöffnet werden. Für die anderen Weine gilt, dass sie nur von einem Juden geöffnet werden dürfen, weil sie sonst die Koscher-Qualität verlieren. Diese eigentümlichen Vorstellungen haben damit zu tun, dass Wein eine kultische Bedeutung hat. Er spielt zu Beginn jedes Schabbatmahls und jedes Festtagsessen eine Rolle, wenn über dem Wein der Segen gesprochen wird:

»Gelobt seist Du, Ewiger, unser Gott, König der Welt, der die Frucht des Weinstocks erschaffen hat.«

Wie vorsichtig man sein muss, was den Weingenuss betrifft, steht schon im 1. Buch Mose, 9, 20–21 geschrieben: »Und Noach / Der Ackerbauer, fing an und pflanzte einen Weinberg / Und trank von dem Weine und ward berauscht«.

Manchmal sind sogar die Mengen genau vorgeschrieben. Zu Pessach sind es vier Gläser, es können auch kleine sein. Einmal im Jahr ist ein Schwips bis Vollrausch möglich, wenn man nämlich zu Purim so viel trinkt, dass man die beiden Protagonisten der Purim-Geschichte, den bösen Wesir Haman, der die Juden Persiens einem Pogrom überantworten will, und den weisen Juden Mordechai, der dem König Achaschverosch das Leben rettet, miteinander verwechselt. »Lechaim! – Aufs Leben!«

E. P.

Der Seder-Abend

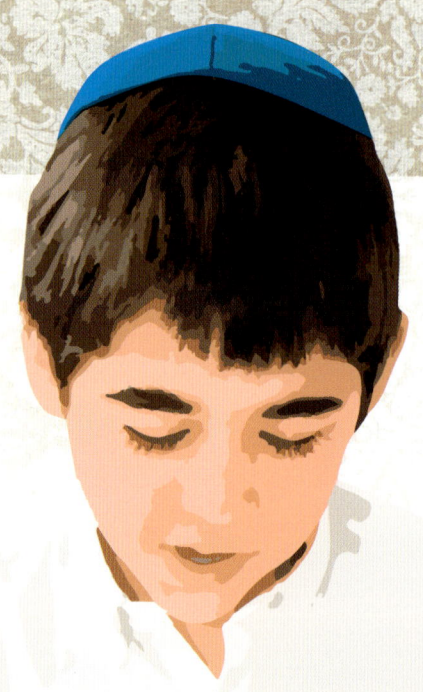

Am Seder-Abend ist es das Privileg des bzw. der Jüngsten in der Runde, das »Ma nischtana« zu singen und damit die Eingangsfrage zu stellen: »Warum ist diese Nacht anders als alle übrigen Nächte?« Auf dem Seder-Teller liegen symbolisch ein hart gekochtes Ei, ein abgerösteter Knochen, Bitterkraut (z.B. Meerrettich oder Radicchio), Karpas (z.B. Radieschen oder Kartoffel), und Charoset. Es soll in Konsistenz und Farbe an den Lehm erinnern, aus dem die Sklaven in Ägypten Ziegel herstellen mussten. So wie das Bitterkraut ihr bitteres Los und das Salzwasser, das man über das harte Ei bzw. die Kartoffel (die jede/r zu essen bekommt) gießt, ihre Tränen in Erinnerung ruft.

E. P.

Charoset bereite ich immer gleich für beide Seder-Abende für jeweils etwa 15 Gäste vor, entsprechend ist die Menge im folgenden Rezept berechnet.

Charoset

Zutaten für 15 Personen

500 g	Boskoop oder andere säuerliche Äpfel
60 g	gehackte Haselnüsse
60 g	Puderzucker
60 g	Rosinen
2 EL	Rotwein

Die Äpfel schälen, vom Kerngehäuse befreien und mit der Küchenmaschine nicht zu fein reiben.

Mit den restlichen Zutaten gut vermischen. Das ergibt einen köstlichen Belag auf der trockenen Matze.

Charoset gelingt bei jeder Hausfrau anders. Die eine verzichtet auf Rosinen, die andere schwört auf braunen Zucker. Wenn das Rezept originalgetreu vorbereitet wird, dann sollte es nicht irgendein koscherer Rotwein sein, sondern am besten Pessach-Likörwein. Wer aus gesundheitlichen Gründen keinen Wein konsumieren darf, nimmt koscheren Traubensaft.

Pessach-Semmeln

Zutaten für 24 Stück

400 ml	Wasser
200 ml	Öl
400 g	Matzemehl
8	Eier
2 TL	Backpulver (koscher lePessach), ersatzweise Natron
½ TL	Zitronensaft
2 TL	Salz
2 EL	Zucker
	Öl für die Hände

Wasser und Öl aufkochen und anschließend abkühlen lassen. Dann alle anderen Zutaten hinzufügen und das Ganze gut vermischen. Den Teig 20 Minuten im Kühlschrank ruhen lassen.

Backofen auf 180 °C vorheizen. Aus dem Teig Semmelchen formen – die Hände vorher mit Öl einreiben – und diese auf ein mit Backpapier bestücktes Backblech legen. Die Semmeln 20 bis 30 Minuten backen.

Lokschen

Zutaten für 6 Personen

3	Eier
1½	Eierschalen Wasser (entspricht dann der Größe der verwendeten Eier)
1 TL	Salz
4½ TL	Kartoffelmehl
	Pflanzenöl

Eier, Wasser, Salz und Kartoffelmehl gut vermengen. Etwas Öl in einer Pfanne erhitzen und aus dem Teig dünne Pfannkuchen ausbacken. Die Pfannkuchen abkühlen lassen, jeweils aufrollen und die Rollen in sehr dünne Streifen schneiden.

In heißer Hühnersuppe servieren.

Fin schmule lokschn hot men nit kajn brajten tuches.
Von schmalen Nudeln bekommt man kein breites Hinterteil.

Jiddisches Sprichwort

Matzeknödel (jidd. Knedlach) gehören zu Pessach wie Truthahn zu Thanksgiving und Krapfen zu Fasching.

Matze-Knedlach

Die Feiertage spielen im traditionellen jüdischen Leben eine sehr wichtige Rolle. Sie sind auch die beste Gelegenheit, unsere Tradition weiterzugeben und Gastfreundschaft zu beweisen. Insbesondere an Pessach. Als die Kinder noch klein waren, haben wir Pessach nicht bei unseren Eltern in München, sondern in Augsburg gefeiert. Mein Vater war sehr neugierig, er guckte gern in die Töpfe, und gab uns ungefragt gute Ratschläge, die niemand befolgen wollte. Pessach war für ihn ein Highlight im Jahr! Und besonders glücklich war er, wenn er fragte, wie viele Eier ich verarbeitet hatte, und ich zu seiner größten Freude von Dutzenden von Eiern sprechen konnte – also von Unmengen Cholesterin. Das bekannteste Pessachrezept sind die Matzeknödel.

Aus der Familiengeschichte meines Mannes Jossi ist folgende Anekdote überliefert. Die Großfamilie – es gehörten ja allein acht Kinder dazu – brauchte für das achttägige Pessachfest an die 300 Eier: für den Bedarf an beiden Seder-Abenden, für die Zubereitung der Matzeklößchen, für die Kuchen, für den Mazzebrei, kurz gesagt, Eier konnten nicht genug im Haus sein. Leider waren die rohen Eier in einem Jahr nicht sicher genug verwahrt, und der Familienhund fiel über sie her. Nicht überliefert ist, wie meine Schwiegermutter mit dieser Katastrophe in der Speisekammer fertig wurde.

Zutaten

1 Tasse	Eier (ca. 6 Eier)
250 ml	kohlensäurehaltiges Mineralwasser
	Öl
	Salz
	Matzemehl

Die Eier in eine Tasse (250 ml) schlagen, bis die Tasse gefüllt ist. Je nach Größe der Eier benötigt man 6 oder mehr Eier. Mit eben so viel Mineralwasser in eine Schüssel geben.

Etwas Öl und Salz zugeben und kräftig mit einem Schneebesen schlagen. Matzemehl dazugeben, bis der Teig Konsistenz bekommt, er sollte aber nicht fest sein!

Anschließend für 30 Minuten in den Kühlschrank stellen. Sollte der Teig jetzt nicht fest genug sein, um Knödel zu formen, noch ein wenig Matzemehl dazugeben.

In einem großen Topf reichlich Wasser, 1 El Öl und Salz aufkochen lassen. Aus dem Matze-Teig nicht zu große Knödel formen und diese in das siedende Wasser gleiten lassen. Die Knödel etwa 10 Minuten ziehen lassen. Dann mit einem Schaumlöffel vorsichtig herausnehmen und warm halten.

Die Knödel sind zur Hühnersuppe als Einlage oder auch als Beilage zum Braten geeignet.

Im Haus meines Vaters lebte eine Tante, die »grobe Bejle«, eigentlich Bella. Sie kochte immer die Matzeknödelchen und natürlich musste sie probieren, ob sie schon durch waren. Sobald eines im Kochtopf nach oben kam – untrügliches Zeichen, dass es fertig war, fischte sie dieses heraus. So kam es, dass es an Pessach nie genug Matze-Knedlach gab, weil die Tante die meisten gekostet hatte. Sie soll alle Arten von Knödel geliebt haben und trug ihren Spitznamen nicht umsonst. »Grob« bedeutet im Jiddischen nämlich »beleibt« bzw. »dick«.

Jede jüdische Hausfrau hat ihre spezifischen Küchentricks, das gilt auch für die Matze-Knedlach. Bei den Pressers gab es die lockersten von der Welt, aber auch die größten, so dass nur Suppenteller in Betracht kamen. Vielleicht lag es daran, dass Eier und Eiweiß getrennt wurden. Das Eiweiß wurde als Eischnee unter die anderen Zutaten gehoben.

Wer den Geschmack variieren möchte, kann mal die ungarische Variante probieren: einen Teelöffel feinst gehackten Ingwer hinzuzufügen. Bei den Melcers würde dieses Experiment vermutlich nicht ankommen. Und Ruth Melcers Knedlach gehören nicht nur zu den besten, sondern auch zu den zierlichsten, so dass sie in der Suppentasse serviert werden.

Koscher

Koscher bedeutet im Sinne der religiösen Überlieferung, dass etwas brauchbar, zur Verwendung geeignet, aber auch genießbar ist. Das kann sich auf Religionsgesetzliches beziehen (ob eine Torah-Rolle in Ordnung, die Gebetsriemen einwandfrei sind), den Umgang zwischen Eheleuten (auch in ihren intimsten Momenten) oder die Speisegesetze (was landläufig am bekanntesten ist). Alles, was man nicht essen darf, gilt als »treife«, d. h. zerrissen, unbrauchbar.

Bereits im 1. Buch Mose 9,3–4 ist der Genuss von Blut ausdrücklich verboten. Im 3. Buch Mose 11, 1–46, wird unmissverständlich ausgeführt, dass nur Säugetiere zulässig sind, die gleichzeitig Paarhufer und Wiederkäuer sind. Von den Wassertieren sind nur solche zum Verzehr erlaubt, die Flossen und Schuppen gleichzeitig haben – was Meeresfrüchte ausschließt. Bei den Vögeln werden viele namentlich so präzise ausgeschlossen, dass es positiv betrachtet auf Huhn, Gans, Ente und Truthahn hinausläuft. Weil das eine ganze Wissenschaft für sich ist, spezialisieren sich manche Rabbiner zu Lebensmittelfachleuten und prüfen ständig, welche neuen Produkte und Zusatzstoffe, sogar Inhaltsstoffe in Medikamenten mit den religionsgesetzlichen Vorschriften in Einklang sind.

Da der Satz »Koche nicht ein Böcklein in der Milch seiner Mutter« dreimal in der Bibel vorkommt (2. Mose 23,19/2, 2. Mose 34, 26/5 und 5. Mose, 14,21) haben die jüdischen Rechtsgelehrten auf seine große, tiefere Bedeutung geschlossen. Demnach wurde untersagt, Fleisch und Milch gemeinsam zu verzehren. Denn die Muttermilch dient in der Natur normalerweise dazu, Jungtiere zu ernähren.

Um jede Vermischung zu vermeiden, haben religiöse Juden deshalb getrenntes Geschirr, getrennte Kochtöpfe und getrennte Fächer im Kühlschrank für Milchiges und Fleischiges. Mit entsprechenden Aufschriften kann man sogar die Geschirrtücher und durch verschiedene Form und Farbe das Besteck kenntlich machen.

Juden, die nicht mehr fromm leben, halten diese Vorschriften nicht mehr strikt ein. Doch zu Pessach, wenn man alles Ungesäuerte meidet, haben viele ein besonderes Tischgeschirr, das für keinen anderen Anlass benutzt wird.

E. P.

Pessach-Käsekuchen

פסחדיקע קעז קוכן

Zutaten

5–6	Eier
375 g	Zucker
150 g	weiche Butter
1 kg	Schichtkäse (20 % Fett)
2 Päckchen	Vanillinzucker
50–100 g	Sultaninen
	Saft und abgeriebene Schale von 1 Bio-Zitrone
50 g	geschälte, gemahlene Mandeln
2 EL	Matzemehl

Backofen auf 175 °C vorheizen. Eine Springform (Durchmesser mindestens 26 cm) mit Backpapier auskleiden. Die Eier trennen. Eiweiß zu Schnee schlagen und beiseitestellen.

Eigelb und Zucker sehr schaumig rühren. Die weiche Butter untermengen. Dann den Schichtkäse einrühren. Vanillinzucker, Sultaninen, Zitronensaft und -schale dazugeben, die Mandeln und das Matzemehl einstreuen.

Alles sehr gut durchrühren. Zum Schluss den Eischnee vorsichtig darunterheben.

Den Teig in die Springform füllen und den Kuchen 40 bis 50 Minuten backen.

Frau Levi ist bei Frau Kohn zum Tee eingeladen. Die Hausfrau ermutigt ihren Gast zuzugreifen: »Nehmen Sie noch ein Stück«. Darauf Frau Levi: »Es geht doch nichts über Ihren köstlichen Käsekuchen. Ich habe schon zwei Stück gegessen.« - »Soll sein zum Wohl: Es waren vier, aber wer wird denn mitzählen.«

Das ist der Lieblingskuchen aller Kinder und Enkelkinder!

Ich kann mich erinnern, dass wir an den Feiertagen Bela mit ihren Söhnen zu Besuch hatten, die diesen Kuchen besonders liebten, und es gab zwölf Schokoladenkuchen!! – Sie sollten ihn also unbedingt backen!

200 g Butter   240 g ... 300 g dunkle Schokolade

1 2 3 4 5 6   7 8 9 10 11 1

180 g Butter   180 g Puderzucker   6 Eier   1 EL Matzemehl   180 g dunkle Schokolade   180 g gemahlene Haselnüsse

Wus men legt nit arajn,
nemt men nit arojs.

Wenn man nicht investiert,
kann man nicht profitieren.

Jiddisches Sprichwort

Pessach-Schokoladenkuchen

פסחדיקע שאקאלאד קוכן

Zutaten

8	Eier
300 g	Zartbitterschokolade
200 g	weiche Butter
240 g	Zucker
180 g	feines Matzemehl

Backofen auf 175 °C vorheizen. Die Eier trennen. Eiweiß zu Schnee schlagen und beiseite stellen. Die Schokolade im Wasserbad schmelzen. Etwas abkühlen lassen. Inzwischen Butter und Zucker schaumig rühren, dann die Eigelbe und die geschmolzene Schokolade dazugeben. Das Ganze gut vermengen, und anschließend das Mehl einrühren. Zum Schluss den Eischnee unterheben.

Eine Springform von 26 cm Durchmesser mit Backpapier auskleiden, den Teig einfüllen und 40 bis 50 Minuten backen. Mit einem Holzstäbchen lässt sich leicht feststellen, ob der Kuchen fertig gebacken ist. Das Stäbchen sollte beim Herausziehen trocken bleiben. Den ausgekühlten Kuchen mit Schokoladenglasur überziehen.

Variation mit Nüssen

Zutaten

6	Eier
180 g	Zartbitterschokolade
180 g	weiche Butter
180 g	Puderzucker
1½ EL	Matzemehl
180 g	gemahlene Haselnüsse

Zubereitung wie Schokoladenkuchen, Matzemehl und Nüsse vor Zugabe des Eischnees gemeinsam untermischen.

Mandel-Makronen

מאנדיל מאקראנען

Zutaten

400 g	Puderzucker
2	Eiweiß
250 g	geschälte, fein gemahlene Mandeln
	abgeriebene Schale von 1 Bio-Zitrone
2 TL	Matzemehl
	Walnusskernhälften

Backofen auf 150 °C vorheizen. Puderzucker durchsieben. Eiweiß zu steifem Schnee schlagen, dabei den Puderzucker einrieseln lassen. So lange schlagen, bis der Schnee fest ist und Spitzen zieht. Dann die übrigen Zutaten daruntermischen.

Ein Backblech mit Backpapier auslegen, die Masse in Häufchen darauf setzen und auf jedes Häufchen eine Walnusskernhälfte setzen.

Die Makronen etwa 15 Minuten backen, dann die Hitze auf 180 °C erhöhen und die Makronen kurz braun werden lassen. Aufpassen, dass sie nicht zu braun werden. Abkühlen lassen und vom Blech nehmen.

Mandel-Makronen sollte man einige Wochen vorher backen und in einer gut schließenden Dose aufbewahren.

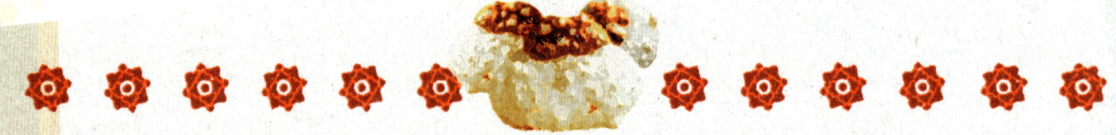

Mandelsplitter-Kekse

מאנדעל שפענדיל קיכל

Zutaten

3	Eiweiß
150 g	Zucker
300 g	Mandelsplitter/Mandelblättchen

Backofen auf 150 °C vorheizen. Alle Zutaten rasch vermischen. Auf einem mit Backpapier ausgelegten Blech den Teig zu größeren Häufchen formen und ca. 10 bis 15 Minuten backen, bis die Kekse oben ganz leicht braun werden.

Mandelkuchen

Zutaten

7	Eier
240 g	Zucker
240 g	gemahlene Mandeln
	Saft und abgeriebene Schale von ½ Bio-Zitrone
1–2 EL	Matzemehl

Backofen auf 220 °C vorheizen. Eine Springform mit Backpapier auskleiden. Die Eier trennen, das Eiweiß zu steifem Schnee schlagen.

Eigelb und Zucker schaumig schlagen, unter den Eischnee rühren.

Zum Schluss Mandeln, Zitronensaft sowie -schale und das Matzemehl unterrühren. Den Teig in die Form füllen und etwa 50 Minuten backen.

Den Kuchen auf einem Kuchengitter abkühlen lassen, dann aus der Form lösen.

Nuss-Mandel-Torte

Zutaten

10	Eier
10 EL	Zucker
5 EL	gemahlene Mandeln
5 EL	gemahlene Haselnüsse
	Saft von 1 Zitrone
2 EL	Matzemehl
2 EL	Kakaopulver

Backofen auf 180 °C vorheizen. Eine Springform (26 cm Durchmesser) mit Backpapier auskleiden. Die Eier trennen. Eiweiß zu steifem Schnee schlagen, dabei den Zucker einrieseln lassen. So lange schlagen bis der Schnee fest ist und Spitzen zieht. Beiseitestellen.

Eigelb mit allen restlichen Zutaten kräftig verrühren. Dann den Eischnee unterheben. Den Teig in die Form füllen und 30 bis 40 Minuten backen.

Die Torte auf einem Kuchengitter abkühlen lassen und anschließend aus der Form lösen.

Jossis Geschichte

Die Möhlstraße in München ist eine ruhig gelegene Straße im vornehmen Stadtteil Bogenhausen. In der unmittelbaren Nachkriegszeit wurde sie für ein paar Jahre ein Zentrum für jüdische Displaced Persons. Rund herum unterhielten verschiedene Organisationen wie die UNRRA (United Nations Relief and Rehabilitation Administration) ihre Büros. Kleine Buden eröffneten, in denen man alles Lebensnotwendige beziehen konnte. Menschen tummelten sich auf der Suche nach Bekannten, die ihnen vielleicht helfen konnten, Angehörige wiederzufinden, nach Arbeitsmöglichkeiten, oder man bemühte sich bei den verschiedenen Konsulaten um die Auswanderung. Es entstand ein reger Schwarzmarkthandel, ohne den die gesamte Bevölkerung Münchens nicht über die Runden gekommen wäre. Mittendrin befand sich auch das Jüdische Gymnasium, das ich seit unserem Umzug nach Bayern von 1948 bis zu dessen Schließung 1952 besuchte. Mein Mann Jossi behauptete später, er habe mich schon als Teenager dort in der Möhlstraße wahrgenommen. Auch wenn man sich kannte, richtig aufgefallen ist mir der sieben Jahre ältere Junge erst ein paar Jahre später.

Josik Melcer, Jossi genannt, stammte aus Olkusz, einer Stadt in Polen, zwischen Krakau und Kattowitz. Manchmal zog ich ihn mit der Größe seiner Heimatstadt auf: Fuhr eine Pferdekutsche durch, so sei das Pferd schon wieder draußen gewesen, während der Wagen am anderen Ende noch hineinrollte. Jossi widersprach lachend, Olkusz hätte 30 000 Einwohner gehabt, davon rund 3 000 Juden. Er kam als drittjüngstes von acht Kindern am 15. Dezember 1928 zur Welt und wuchs in einer sehr traditionsbewussten, religiösen Familie auf. Der Vater Jakob, ein richtiger Chassid, betrieb einen Tabak-Einzel- und Großhandel, bei dem Mutter Malka die treibende Kraft für Einkauf und Organisation war. Die ältesten Geschwister von Jossi, Hermann und Tola, gründeten ein Geschäft für selbstgefertigte Lederwaren. Mitte der 1930er-Jahre wurde die Lizenz für den Tabakhandel infolge antijüdischer Gesetze gestrichen. Damit entfiel mitten im Bau eines eigenen Hauses im Ortszentrum für die große Familie das sichere Einkommen. Enorme Einschränkungen wurden notwendig, auch beim Essen. Dabei saßen um den Tisch nicht nur die Eltern Melcer mit ihren drei Töchtern und fünf Söhnen. Für den Vater war es eine Selbstverständlichkeit, aus der Synagoge arme Leute zum Essen mitzubringen. Nüchtern ging er am Samstagmorgen zum Gebet, bei der Heimkehr gab es ein Stückchen Hering, Lekech und einen Wodka. Dann folgte das Mittagessen mit Tscholent und danach Kompott. Man kann sich vorstellen, dass für so einen großen, streng koscher geführten Haushalt zu Pessach viele Eier erforderlich waren.

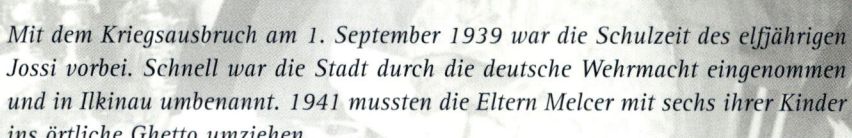

Ruth Cukierman
und Jossi Melcer
heirateten 1959
in München.

Mit dem Kriegsausbruch am 1. September 1939 war die Schulzeit des elfjährigen Jossi vorbei. Schnell war die Stadt durch die deutsche Wehrmacht eingenommen und in Ilkinau umbenannt. 1941 mussten die Eltern Melcer mit sechs ihrer Kinder ins örtliche Ghetto umziehen.

Wie Jossi die Auflösung des Ghettos, die Trennung vom Rest der Familie, die Zeit im Durchgangslager Sosnowicz, das KZ Blechhammer und den Todesmarsch nach Groß-Rosen überlebte, hat er 1998 für das Zeitzeugen-Projekt der Spielberg-Foundation vor der Kamera erzählt. Von Februar bis April 1945 war er im KZ Buchenwald. Dass er dort zwei seiner Brüder, Herrmann und Israel, wiederfand und sie bis zur Befreiung bei sich im Kinderblock verstecken konnte, ist ein Wunder für sich. Und ein weiteres, dass die älteste Schwester Tola in Bergen-Belsen befreit wurde. Im DP-Landsberg begann ihr neues Leben. 1966 erlitt Jossi einen Autounfall. Im Krankenhaus stellte sich beiläufig eine Leberzirrhose heraus, Folge einer Gelbsucht, die er sich in der Verfolgungszeit zugezogen hatte. Von da an hielt er über 15 Jahre eisern Diät – kein Alkohol, wenig Brot – bis er wieder ganz hergestellt war. Dabei gehörte zu seinen Lieblingsspeisen Krupnik, Ente (die eigentlich zu schwer für ihn war) und Apfelkuchen.

1995 besuchten Jossi und ich Olkusz, fanden auch noch das zweistöckige Haus, das seine Eltern 1935 nahe des Marktplatzes erbaut hatten. Er erinnerte sich, dass es im Hof zwei Bäckereien gegeben hatte, die natürlich nicht mehr existierten. An der heruntergekommenen Fassade des einst prächtigen Anwesens wiesen zwei Schilder in Polnisch auf Obst und Getränke hin, obgleich es dort beides offensichtlich nicht mehr zu kaufen gab. Rückgabeforderungen haben Jossi und seine drei überlebenden Geschwister nie geltend gemacht.

1958 – ich hatte inzwischen in Israel Abitur gemacht und in München eine Ausbildung zur Vorbereitung meines Studiums begonnen – besuchte ich meinen in Paris lebenden Onkel. Irgendwie hatte Jossi davon Wind bekommen und fuhr auch nach Paris, zu seiner Tante. Aus einer »zufälligen« Begegnung wurde eine Verabredung in einem Café an der Place de la Republique. Über eine Stunde saß ich vor meinem Kaffee; wer nicht kam, war er. Wie sich später herausstellte, hatte er die Pariser Dimensionen und Straßenverhältnisse unterschätzt.

1959 haben wir in der Synagoge an der Reichenbachstraße, der einzigen, die die NS-Zeit in München überstand, geheiratet.

Unterszrift fun sziler

Unterschrift des Schülers Jossi Melcer, der im DP-Lager Landsberg an der ORT-Schule eine Ausbildung zum Automechaniker aufnahm.

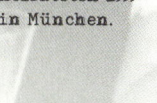

געפילטע קאלבס ברוסט

לאבסטיקע קאטלעטן

קלאפסיקי

האקפלייש מיט פילץ־זאם

קאלב־קאטלעטן

צימעס־פלייש

בראטענע קאטקע

העלזעלע

געפעקעלטע פלייש

געפילטע קרויט

קרויט טאפ

רינד פלייש מיט זאיער קרויט

קאלב אים ביין

די פארצ׳ע

ווינער שניצעל

מילכיקע לאזניע

Hauptspeisen

הויפט שפייזן

Gefüllte Kalbsbrust

געפילטע קאלבסברוסט

Gefüllte Kalbsbrust setzte meine Mutter gerne auf den Speiseplan, wenn Gäste kamen. Sie konnte sie am Vortag in Ruhe vorbereiten. Kalt ließ sich die Kalbsbrust gut aufschneiden und man brauchte sie nur mehr aufwärmen. Es war die ideale Bewirtung am Wochenende oder an Geburtstagen, wenn man Karten spielte oder sich unterhielt. Das Essen war fertig, die Hausfrau war nicht in die Küche verbannt, sondern konnte die Geselligkeit mit genießen.

Zutaten für 6 Personen

1–2 kg	Kalbsbrust
	Salz, Pfeffer
2	Knoblauchzehen, halbiert
2–3 EL	getrocknete Steinpilze
1	Zwiebel, in Ringen
	Pflanzenöl

Für die Füllung

2 Scheiben	Toastbrot oder 1½ altbackene Semmeln
200 g	Hackfleisch (Rind und/oder Kalb) oder Kalbsbrät
2	Eier
2	Knoblauchzehen, durchgepresst
1 EL	frisch gehackte Petersilie

Ist der Tisch erst mal gedeckt, finden sich auch Gäste.
Jüdisches Sprichwort

Die Kalbsbrust am besten beim Metzger vorbestellen, zugeschnitten mit einer Tasche.

Kalbsbrust 1 Tag vor der Zubereitung kräftig mit Salz, Pfeffer und Knoblauch einreiben. Abdecken und über Nacht in den Kühlschrank stellen.

Getrocknete Steinpilze etwa 20 Minuten in 300 ml kaltem Wasser einweichen. Abseihen und dabei das Einweichwasser auffangen.

Für die Füllung Toastbrot oder Semmeln in Wasser einweichen. Dann ausdrücken und mit Hackfleisch oder Kalbsbrät, Eiern, Knoblauch und Petersilie vermengen. Mit Salz und Pfeffer würzen. Die Füllung vorsichtig in die Tasche der Kalbsbrust geben und die Tasche anschließend mit Küchengarn zunähen.

Backofen auf 200 °C vorheizen. Öl in einem verschließbaren Bräter erhitzen. Kalbsbrust und Zwiebelringe darin kurz anbraten. Mit dem Pilzwasser ablöschen und die Steinpilze zufügen. Den Bräter mit einem Deckel verschließen und in den Ofen stellen. Das Fleisch etwa 2 Stunden garen.

Kurz vor Ende der Garzeit den Deckel abnehmen und den Braten braun werden lassen. Das Fleisch herausnehmen, in Scheiben schneiden und gemeinsam mit der Pilzsauce servieren.

Tipp: Kalbsbrät hat eine feinere Konsistenz als Hackfleisch und macht die Füllung delikater.

Auf die Frage: »Tante Reginka, warum schmeckt dein Hackfleisch so viel besser als meins?«, antwortete Tante Reginka: »Was tust Du rein?« – »Mageres Fleisch, ein wenig Weißbrot ...« Tante Reginka erschrocken: »Und das soll schmecken?« Denn sie hielt meine Koteletts (wie sie bei uns zu Hause hießen) für traurige, weil sie steinhart waren. Ob Ihre lachendig (von lachen) oder lachtig (von leicht zuzubereiten) geraten, entscheiden Sie selbst auf Grund dieses Rezepts.

Lachtige Koteletten

Zutaten für 6–8 Personen

1 kg	gemischtes Fleisch: Rind- und Kalbfleisch, Hähnchenbrustfilet
3–4 Scheiben	Toastbrot oder 2 altbackene Semmeln
2	Eier
2	Knoblauchzehen, durchgepresst
	Salz, Pfeffer
	Pflanzenöl

Das Fleisch sollte nicht zu mager sein. Alle Fleischsorten durch einen Fleischwolf drehen. Toastbrot oder Semmeln in Wasser einweichen, abgießen, ausdrücken und mit dem Fleisch in einer Schüssel (oder Küchenmaschine) durchmischen. Die Eier und den Knoblauch untermengen. Mit Salz und Pfeffer würzen.

Die Masse zu Hamburgern formen – die je nach Region auch Buletten oder Pflanzerl genannt werden – und in heißem Öl ausbacken.

Tipp: 1 große, fein gehackte Zwiebel in wenig Öl anbraten und in die rohe Hackfleischmasse geben.

Bevor Germanisten und Gourmets jetzt auf eine kulinarische Barrikade steigen, der Name dieses Hauptgerichts ist einfach zu erklären. Im Deutschen ist der Plural von Kotelett laut Duden Koteletts, nicht zu verwechseln mit Koteletten, die manches männliche Gesicht umrahmen. Aber bei unserem Rezept ist von einer polnisch-jiddischen Sprachmixtur auszugehen: Im Polnischen heißt eine Bulette »kotlet mielony«, also wörtlich, ›gemahlenes Kotelett‹.

Klopsiki

Die »lachtigen Koteletten« sind das Ausgangsrezept.

Zusätzliche Zutaten

150 g	getrocknete Steinpilze
	Semmelbrösel
	Öl
1–2	Zwiebeln

Die Steinpilze etwa 30 Minuten in kaltem Wasser einweichen.

Inzwischen aus der Hackfleischmasse kleine Bällchen formen, diese in Semmelbröseln wälzen und in heißem Öl goldbraun braten.

Die Zwiebeln schälen und fein würfeln. In einem flachen Topf 2 EL Öl erhitzen und die Zwiebeln darin goldgelb braten. Die Hackbällchen zufügen. Steinpilze absieben und dazugeben. 200 ml warmes Wasser angießen und das Ganze 30 bis 40 Minuten bei geringer Hitze zugedeckt köcheln lassen. Eventuell noch etwas Wasser zufügen.

Hackfleisch in allen Variationen gehört zu den Leibspeisen der Familie Melcer.

Hackbraten mit Pilzsauce

אלאבראטען מיט פילצ-זאוס

Für meine Mutter war dieses Rezept besonders praktisch. Man kann es näm-lich zubereiten, einfrieren und wenn sich Gäste einstellen, ist es fertig und kann warm und kalt serviert werden. Bei uns zu Hause war es eine leckere Unterbrechung beim Kartenspiel, wenn meine Mutter den Gästen Hackbraten mit Salzgurken und Kren servierte.

Zutaten für 8–10 Personen

5 Scheiben	Toastbrot
300 g	Zwiebeln
3 EL	Öl
1,2 kg	Hackfleisch (1 kg Rind, nicht zu mager; 200 g Truthahn)
3	rohe Eier
2–3	Knoblauchzehen, durchgepresst
	Salz und Pfeffer
2	hart gekochte Eier
1	Aluschale in Kastenform für 1,5 l

Zunächst die Toastscheiben in kaltem Wasser einweichen und ausdrücken. Die Zwie-beln schälen, fein hacken und im Öl goldgelb braten.

Backofen auf 180 °C vorheizen. Hackfleisch in eine große Schüssel geben. Toastbrot, rohe Eier, Zwiebeln und Knoblauch zufügen. Das Ganze gut vermengen und mit Salz und Pfeffer würzen.

Die Hälfte der Masse in die Aluschale füllen. Die hart gekochten Eier schälen, in Scheiben schneiden und auf dem Hackfleisch verteilen. Restliche Masse darüber ge-ben. Die Schale in den Ofen stellen und den Hackbraten 30 bis 40 Minuten garen, bis die Oberfläche schön braun ist.

Wird der Hackbraten warm serviert, passt eine Champignonsauce perfekt dazu.

Zutaten

300 g	frische Champignons
1	Zwiebel
1 EL	Öl
3–4 EL	Parvesahne aus Soja (anstelle von Kochsahne)
2 EL	frisch gehackte Petersilie

Die Champignons trocken abputzen und in dicke Scheiben schneiden. Die Zwiebel schälen und fein hacken. Öl in einer Pfanne erhitzen und die Zwiebel darin anbraten. Champignons zufügen und bei kräftiger Hitze kurz anbraten. Dabei häufig umrühren.

Da die Sauce zu einem fleischigen Gericht serviert wird, verzichten wir zur Verfeinerung auf Kochsahne und rühren Sahne-Ersatz hinein. Petersilie zugeben und die Sauce einmal aufkochen lassen. Zum heißen Hackbraten servieren.

Küchen- und Geschirrspülmaschine sind für mich in der Küche essentiell.
Noch ein gutes Küchenmesser dazu, und ich komme mit allem zurecht.

Ruth Melcer

Frau Wolkowicz, die Schwiegermutter meines Onkels Fulek und Mutter meiner Tante Tamara, war eine Spezialistin für Kalbskoteletts. Vorzugsweise klopfte sie das Fleisch sehr energisch, gepfeffert und gesalzen mit lautstarken politischen Kommentaren am Sonntagmorgen, wenn der Rest der Familie noch schlafen wollte. Frau Wolkowicz missfiel die französische Politik, der Umgang der Europäer mit Israel ebenso wie die ihres Erachtens unzureichende Tischdekoration ihrer Tochter.

Kalbskoteletts

Zutaten für 4 Personen

4	Kalbskoteletts
	Salz und Pfeffer
2	Eier
3 EL	Mehl
	Pflanzenöl

Die Kalbskoteletts nach guter Tradition klopfen und mit Salz und Pfeffer würzen. Die Eier trennen. Das Eiweiß mit der Küchenmaschine (oder einem Handrührgerät) halbsteif schlagen. Dann die Eigelbe unterziehen und das Ganze in einen tiefen Teller geben.

Mehl ebenfalls in einen tiefen Teller geben. Die Koteletts durch die Eimasse ziehen, in Mehl wenden und nochmals durch die Eimasse ziehen.

In heißem Öl bei nicht zu starker Hitze auf beiden Seiten goldbraun braten. Gut zugedeckt 10 Minuten ruhen lassen, dann sofort servieren.

Dazu passen kalter Borschtsch, Kartoffelbrei und feine Erbsen oder Bohnen.

Jankel und Jossel gehen ins Restaurant. Das Geld reicht nur für eine Portion. Jankel teilt und nimmt sich das größere Stück. Darauf Jossel ganz empört: »Wenn ich zwei ungleiche Stücke verteilt hätte, dann hätte ich mir selbstverständlich das kleinere genommen.« – »Nu, was willst du«, erwidert Jankel, »hast du doch bekommen, was du wolltest!«

Zwiebelfleisch

Zutaten für 6–8 Personen

50 g	getrocknete Steinpilze
1 kg	Rindfleisch (flache Schulter) oder Truthahnsteak aus der Keule
	Salz und Pfeffer
	etwas Mehl
3	große Zwiebeln
	Pflanzenöl

Die Steinpilze in kaltem Wasser einweichen.

Das Rind- oder Truthahnfleisch in dünne Scheiben schneiden und klopfen. Die Scheiben mit Salz und Pfeffer würzen. Dann mit ein wenig Mehl bestäuben.

Die Zwiebeln schälen und in Ringe schneiden. Etwas Öl in einem großen Topf erhitzen und die Zwiebeln darin goldgelb andünsten.

Währenddessen in einer großen Pfanne die Fleischscheiben in Öl anbraten. Anschließend auf die Zwiebeln schichten. Mit etwas Wasser aufgießen. Die Steinpilze dazugeben und alles zugedeckt etwa 1 Stunde dünsten, bis das Fleisch weich ist.

Dazu passen Kartoffeln oder Farfel.

Meine Tante Reginka führte in Israel ein bescheidenes Leben. Doch es war immer genug Essen im Haus und ein Topf auf dem Herd. Egal was passierte, sie zog sich in die Küche zurück. Während der Mobilmachung im Vorfeld des Jom Kippur-Kriegs 1973 strich sie Brote. Es war ihre Art, mit der Angst umzugehen, und gab ihr das Gefühl, für andere etwas tun zu können.

Das Rezept für Zwiebelfleisch stammt von eben dieser Reginka, einer herzensguten Frau, die eine lebenslange Freundschaft mit meiner Mutter, ihrer einstigen Schulgefährtin und späteren Schwägerin, verband.

*Das Enten-Rezept habe ich von meiner Tante Tamara,
es gehört zu meinen Festtagsrezepten.*

Gebratene Ente

Zutaten für 4–6 Personen

1	küchenfertige Ente, ca. 2–3 kg
4–5	Knoblauchzehen, durchgepresst
	Salz und Pfeffer
1	Zwiebel, geviertelt
1	Karotte, geschält, in groben Stücken
1	Petersilienwurzel, geschält, in Stücken

Die Ente gut waschen, trocken reiben, und die Haut an einigen Stellen einschneiden. Reichlich durchgepressten Knoblauch mit Salz und Pfeffer vermischen und die Ente damit innen und außen gründlich einreiben. Die Mischung sollte zum Teil auch unter die Haut dringen! Am besten am Abend vorher vorbereiten und über Nacht »einwirken« lassen.

Backofen auf 200 °C vorheizen. Die Ente in einen relativ großen, flachen Bräter legen. 200 ml Wasser, Zwiebel, Karotte und Petersilienwurzel zufügen. Im Ofen ohne Deckel etwa 1–1½ Stunden braten. Dabei immer wieder mit Saft übergießen.

Tipp: Die Haut am Schluss mit einer Mischung aus 100 ml Orangensaft und 1 TL Honig bepinseln. Die Ente sollte innen weich und außen sehr knusprig sein.

Süßes Kraut passt wunderbar dazu.

Zu einem geregelten Leben gehörte für meine Eltern jeden Tag Frühstück, Mittagessen und Abendbrot. Nach dem Herzinfarkt meines Vaters 1960 schaltete Mutter auf gesundes Essen um. Zu Mittag gab es bei ihr stets Suppe, Fleisch, Salat und Kompott und nach dem Essen Tee. Abends wurde immer kalt gegessen. Vater liebte Grahambrot, ich vermute, es erinnerte ihn an seine Jugend.

»Was macht ein frommer Jude, bevor er Tee trinkt?« –
»Er macht den Mund auf.«

Was bei uns unter Megele lief, ist genau genommen ein Helsele bzw. Gergele. Leider sind Truthahn- oder Entenhälse heute sehr schwer zu bekommen.

Dieses Rezept wurde von allen Damen der Familie mit sehr viel Sorgfalt zubereitet, und Sie sollten es versuchen. Für die Füllung nahm meine Mutter Hackfleisch (wie in dem Rezept »Lachtige Koteletten« angegeben), bloß ein wenig mehr Salz, Pfeffer, Knoblauch und Fett.

Helsele

Zutaten

1	ganzer Truthahn- oder Entenhals
250 g	Hackfleisch vom Rind
1	Knoblauchzehe, durchgepresst
	Salz und Pfeffer

Die Haut des Halses mit einfachem Zwirn am oberen, schmaleren Ende zunähen. Für die Füllung Hackfleisch und Knoblauch vermengen, kräftig mit Salz und Pfeffer würzen. Die Füllung am unteren, offenen Ende des Halses hineingeben, anschließend die Öffnung mit Zwirn zunähen. Das Ganze soll – wenn's fertig ist – wie eine Wurst aussehen.

Bitte ganz vorsichtig füllen, weil die Haut leicht platzt, wenn man zu viel Füllung hineingibt. Das Helsele wird dann zusammen mit Ente oder Brathuhn im Ofen bei 200 °C 1 bis 1½ Stunden gebraten.

Eignet sich ausgezeichnet zum Kaltessen. Dazu wird es in Scheiben geschnitten und wie Wurst zum Brot serviert!

Alles in der Welt kann dem Menschen genommen werden, nur das eine nicht: was er gegessen hat.

Ephraim Kishon

Im Jiddischen gibt es keine Umlaute, also wird aus dem Hals in der Verniedlichung ein Helsele, aus der Gurgel ein Gergele, aus dem Magen ein Megele.

Auch bei den Pressers galt das gefüllte Helsele als Delikatesse. Allerdings wurde der Fleischanteil reduziert, indem der Füllmasse etwas Matzemehl beifügt wurde. Dafür kamen klein gehackte Kräuter und viel Pfeffer hinzu, für eine pikante Note. Kaufte man früher Huhn oder Ente am Wochenmarkt, konnte man mit Hals, Magen, Herz und ordentlich Fett (zum Auslassen) rechnen. Magen und Herz gehörten nach dem Garen den Kindern.

Heute muss man oft extra nach diesen Teilen suchen. Überhaupt: Das Konsumentenverhalten hat sich so sehr verändert, dass bei uns oft nur noch Filets und Keulen angeboten werden und der »Rest« tiefgefroren auf Märkte in Afrika verfrachtet wird.

HALLEINER PÖKELSALZ

rocken lagern. Los Nr.: 6 1 3

Mein Abenteuer, mich das erste Mal im Leben an Pökelsalz zu versuchen, begann schon mit der Suche nach Pökelsalz. Heutzutage führt man Schulkinder auf den Wochenmarkt, damit sie sehen, wie eine Aubergine aussieht, eine Tomate riecht und um zu beweisen, dass nicht Fischstäbchen, sondern Fische mit dem Netz gefangen werden. Also braucht man sich auch nicht zu wundern, dass es – zumindest in München – weit und breit kein Pökelsalz gibt. Eine Tour durch Metzgereien blieb mir erspart, weil eine Bekannte aus Polen mir ein Fünf-Kilo-Paket mitbrachte. Dabei wollte ich Pökelfleisch nicht in fabrikmäßigem Stil herstellen, sondern nur ein – bei ihr höchst erfolgreiches – Rezept meiner Mutter ausprobieren. Begriffe wie Calciumnitrat und Salpetersäure, die das Pökelsalz ausmachen, schrecken mich nicht, schließlich war ich mal auf dem Weg zur Chemielaborantin, träumte sogar von einem Chemiestudium. So verrückt das heute klingen mag, ich wollte etwas im Zusammenhang mit Algen erfinden, damit die Menschheit künftig nicht mehr hungern muss. Heute weiß ich, wir haben eigentlich genug zu essen, es ist nur nicht gerecht verteilt, bei uns herrscht Überfluss, woanders Mangel. Doch zurück zu meinem Experiment.

Gepökeltes Fleisch

נעפעקעלטע פלייש

Zutaten für 6 Personen

750 g	Rinderbrust (Tafelspitz)
2 TL	Pökelsalz
	Salz
4	schwarze Pfefferkörner
2	Knoblauchzehen, geschält und halbiert
1	Zwiebel, geschält und halbiert
1 Stück	Sellerie, geschält
3	Lorbeerblätter
	Pfeffer

Die Rinderbrust mit Pökelsalz einreiben und anschließend 3 Tage im Kühlschrank ruhen lassen, dabei wird sie rot.

Dann das Fleisch – ohne es abzuwaschen – in einem Topf mit kaltem Wasser aufsetzen. Salz, Pfefferkörner, Knoblauch, Zwiebel, Sellerie und Lorbeerblätter zufügen. Das Ganze erhitzen, aufkochen, pfeffern und dann 2 Stunden köcheln lassen. Sobald das Fleisch weich ist, herausnehmen, abkühlen lassen und in Scheiben schneiden.

Will man es später warm essen, legt man einfach ein flaches Sieb über ein Wasserbad und die Scheiben darauf.

Mit geriebenem Meerrettich, Salzgurken und Senf eine Köstlichkeit! Dazu passt am besten dunkles Brot.

»Wie gerecht der Ewige ist: Den Reichen gibt er Essen – den Armen den Appetit.«

Jüdisches Sprichwort

Krautwickel

Zutaten für 8 Personen

2 kg	Weißkohl
	Salz
600 g	Hackfleisch vom Rind, nicht zu mager
180 g	gekochter Reis
100 g	angebratene Zwiebeln
	Pfeffer
	Öl
200 ml	Hühnerbrühe
500 ml	passierte Tomaten

Aus dem Weißkohl den Strunk in der Mitte herausschneiden, dann den ganzen Krautkopf für 5 bis 10 Minuten in kochendes Salzwasser legen. Die äußeren Blätter entfernen. Die darunterliegenden ablösen. Sind sie widerspenstig, den Krautkopf erneut in kochendes Salzwasser geben, bis man genügend Blätter beisammen hat.

Das Hackfleisch, die angebratenen Zwiebeln, den gekochten Reis mit Pfeffer und Salz – für gutes Würzen nicht zu knapp bemessen – vermengen. Ist das Fleisch zu mager, 1 bis 2 EL Öl daruntermischen. Je nach Größe der Weißkohlblätter einen größeren bzw. kleineren Klecks der Fleischmischung in deren Mitte legen. Jedes Blatt oben einschlagen und dann zusammenrollen.

Die Krautwickel in etwas Öl von allen Seiten kurz anbraten. Hühnerbrühe und Tomatenpüree in einem großen Topf erhitzen. Die Krautwickel einlegen und bei schwacher Hitze 1 Stunde ziehen lassen.

Variation: Weniger fett werden die Krautwickel, aber auch weniger pikant, wenn man auf das Anbraten verzichtet und sie gleich in den Topf legt.

Kraut, Karotten und Rote Rüben wurden bei uns als Wintergemüse betrachtet. Für meine Mutter waren sie preiswert und vitaminhaltig, und das sicherte ihnen einen festen Platz auf ihrem Speiseplan.

Für die Krautwickel verwendet man nur die größeren, schönen Blätter. Was von dem Krautkopf übrig ist, wird – ohne den Strunk – klein geschnitten und im folgenden Rezept weiterverwendet.

Krauteintopf

קרויט טאָפּ

Zutaten für 6–8 Personen

50 g	getrocknete Steinpilze
1	Karotte
1	Petersilienwurzel
800 g	Weißkohl
500 g–1 kg	Rindfleisch (am besten Zwerchrippe)
	Salz
800 g–1,6 kg	Sauerkraut
2	Wacholderbeeren
2	Lorbeerblätter
3	Zwiebeln
	Pflanzenöl
	Pfeffer
	etwas Essig

Steinpilze in kaltem Wasser einweichen. Karotte und Petersilienwurzel schälen und würfeln. Weißkohl in Streifen schneiden. Rindfleisch kalt abspülen, trocken tupfen und mit Salz einreiben.

Sauerkraut, Weißkohl und Rindfleisch in einen Topf mit Wasser geben. Steinpilze, Karotte, Petersilienwurzel, Wacholderbeeren und Lorbeerblätter zufügen. Das Ganze erhitzen und 1 bis 2 Stunden zugedeckt köcheln lassen.

Die Zwiebeln schälen, würfeln und in Öl in einer Pfanne goldbraun braten. Zu dem Krauttopf geben. Alles kräftig mit Salz und Pfeffer würzen und eventuell mit etwas Essig abschmecken.

Dieses Krautgericht schmeckt am besten zu Fleisch, ob zu Hähnchen oder Hackbraten bleibt den persönlichen Vorlieben vorbehalten. Dazu passen auch Salzkartoffeln.

Mein Mann Jossi liebte Kalbshaxe in jeder Form. Da aber »Osso buco« nicht nach einem jüdischen Rezept klingt, will ich hier den Klassiker beschreiben.

Kalbshaxe

Zutaten für 4–6 Personen

1 kg ganze Kalbshaxe

 Salz und Pfeffer

 1 Knoblauchzehe, durchgepresst

 1 Zwiebel

 1 Karotte

 1 Petersilienwurzel

 Öl

50 g getrocknete Steinpilze

Die Kalbshaxe rundum mit Salz, Pfeffer und Knoblauch einreiben. Über Nacht in den Kühlschrank stellen.

Am nächsten Tag den Backofen auf 180 °C vorheizen. Zwiebel, Karotte und Petersilienwurzel schälen und würfeln. Etwas Öl in einem Bräter erhitzen und das Gemüse darin anbraten. Herausnehmen und die Kalbshaxe im Bräter von allen Seiten kurz anbraten.

Die Haxe herausnehmen, das Gemüse in den Bräter geben und die Haxe darauflegen. 100 ml Wasser angießen, den Bräter mit einem Deckel verschließen und in den Ofen stellen.

Das Fleisch etwa 1 Stunde garen. Steinpilze in kaltem Wasser einweichen.

Die Steinpilze in den Bräter geben und die Haxe ohne Deckel weiter im Ofen garen, bis sie braun und weich ist. Sollte die Haxe schon braun, aber noch nicht durch sein, nochmals den Deckel auflegen. Etwas Wasser nur bei Bedarf nachgießen.

Tipp: Ich nehme für das Braten der Haxe lieber einen Römertopf, den ich ca. 1 Stunde vorher mit Wasser gefüllt habe. Nach Ausgießen des Wassers das Gemüse einschichten, die Kalbshaxe darauflegen und wie oben beschrieben fortfahren.

Herschel Ostropoler ist so etwas wie ein jüdischer Till Eulenspiegel gewesen, der zwischen ca. 1770 und 1810 lebte, aus der Ukraine stammte und in dem polnischen Schtetl Ostropol als Schochet (ritueller Schlachter) arbeitete. Über ihn sind unzählige Anekdoten überliefert.

Als Kind wurde er einmal von einem Fremden gefragt: »Wie heißt du?« – »Wie mein Großvater.« – »Und wie heißt dein Großvater?« – »So wie sein Großvater.«

Dazu muss man wissen, dass bei aschkenasischen Juden den Kindern traditionell die Vornamen verstorbener Vorfahren gegeben werden.

Der Fremde lässt nicht locker: »Wie ruft dich denn deine Mutter, wenn es Essen gibt?« –

»Zum Essen braucht man mich nicht rufen – ich komme von allein, wenn's so weit ist.«

»Das Gericht« ist eine Resteverwertung und ein Essen, das mein Sohn Jacky bis heute ganz besonders liebt, und das andernorts als »G'röstl« bekannt ist.

»Das Gericht«

Zutaten für 4–6 Personen

1 kg	gekochtes Fleisch (zum Beispiel vom Rezept Hühnersuppe)
500 g	Zwiebeln
450 g	gekochte Kartoffeln
	Pflanzenöl
	Salz und Pfeffer

Gekochtes Fleisch in mundgerechte Stücke schneiden. Zwiebeln schälen und nicht zu fein hacken. Kartoffeln schälen und in Scheiben schneiden.

In einer großen Pfanne 5 EL Öl erhitzen – am Öl sollte man nicht sparen – und die Zwiebeln darin andünsten. Fleischstücke dazugeben und anbraten, dann die Kartoffelscheiben. Das Ganze gut durchbraten und mit Salz und Pfeffer würzen.

Für meinen Zweitgeborenen, Micki, der in seiner Kindheit notorisch unterge-wichtig war, und um den ich mich deshalb sorgte, war mein Wiener Schnitzel das Einzige, was er gerne und in größeren Mengen aß. Aber der Rest der Familie greift auch gerne zu.

Wiener Schnitzel

Zutaten für 4 Personen

4 Kalbsschnitzel oder Hähnchenbrustfilet

Salz und Pfeffer

etwas Zitronensaft

2 Eier

4 EL Mehl

4 EL Semmelbrösel

Pflanzenöl

Die Kalbsschnitzel oder Hähnchenfilets dünn schneiden, zwischen zwei Lagen Frisch-haltefolie legen und fein klopfen.

Mit Salz und Pfeffer würzen und mit einigen Tropfen Zitronensaft beträufeln.

Die Eier in einem tiefen Teller mit ein wenig Salz und Pfeffer verquirlen. Mehl und Semmelbrösel jeweils in einen tiefen Teller geben.

Das Fleisch im Mehl wenden, abklopfen, durch die Eiermasse ziehen und dann in Semmelbröseln wenden – die Semmelbrösel nicht andrücken.

Die Schnitzel in heißem Öl schwimmend goldgelb ausbacken. Zum Abtropfen kurz auf Küchenpapier legen und am besten frisch zubereitet servieren.

Was ist der Unterschied zwischen einer italienischen Mamma und einer jiddischen Mame?

Die italienische Mamma droht: »Iss deinen Teller leer, oder ich bringe dich um!«

Die jiddische Mame stöhnt: »Iss deinen Teller leer, oder ich bringe mich um!«

1 Lauch
300 g Sellerie
200 g Karotten
400 g Auberginen
400 g Zucchini
500 g passierte Tomaten
150 g Erbsen   150 g Bohnen
100 – 150 g Butter
200 g Mozzarella
150 g Parmesan gerieben
süße Sahne / Lasagne-Blätter
Salz / Pfeffer

Meine Mutter kochte - und sie tat dies mit einer selbstverständlichen Hingabe, **solange me**in Vater lebte – in einer Mischung aus überlieferten ostjüdischen Rezepten und ihren Erkenntnissen, was sie für gesund hielt. Als mein Vater mit dem Herz zu tun bekam, reduzierte sie Fett und servierte mehr Salat. Die strikte Trennung von Milchigem und Fleischigem wurde erst in späteren Jahren ein striktes Merkmal ihrer Küche, in ihren Rezepten pflegte sie die Besonderheiten der koscheren Küche anfangs eher intuitiv.

Als mein Vater in den 1950er-Jahren in München beruflich Fuß gefasst hatte, gingen meine Eltern gerne auf Reisen. Doch von ihren Ausflügen in die Welt brachte Mutter höchstens das Rezept für Tomate mit Mozzarella mit. Andere Ess-Erfahrungen in Italien, Frankreich oder Israel beeindruckten sie wenig.

Mein Kochverhalten unterscheidet sich sehr von dem meiner Mutter. Nur im Strategischen kann man Gemeinsamkeiten ausmachen: gute Organisation vom ausführlichen Einkaufszettel bis zum Einkauf und keine Panik, wenn viele Gäste zu bewirten sind. Während meine Mutter sich ihrer Arbeit in der Küche voll hingab, muss es bei mir bis heute schnell gehen. Im Gegensatz zu ihr war ich berufstätig, hatte täglich drei Kinder zu bekochen und machte mir doch nie viel aus dem Kochen. Einen Tscholent ansetzen, Kuchen backen und telefonieren, und zwar gleichzeitig, hätte meine Mutter unmöglich gefunden. Als sie mit über 80 aufhörte, selbst zu kochen, gab sie mir in meiner Küche noch Anweisungen. Sie war eine strenge Lehrmeisterin. Ich koche am liebsten größere Mengen, das meiste eignet sich zum Einfrieren. Und so bin ich gewappnet für größere Runden und Überraschungen.

MIT LUFTPOST
PAR AVION

Wenn man gut, schnell und preiswert gleich mehrere Leute – ob hungrige Kinder, Handwerker oder Logiergäste – bewirten möchte, ist das folgende Rezept für mich goldrichtig, auch wenn es mit dem polnisch-jüdischen Background meiner Familie nichts zu tun hat.

Vegetarische Lasagne

Zutaten für 6–8 Personen

1 Stange	Lauch
300 g	Sellerie
200 g	Karotten
400 g	Auberginen
400 g	Zucchini
150 g	Erbsen
150 g	Bohnen
100–150 g	Butter
	Salz und Pfeffer
500 ml	passierte Tomaten
200 g	Mozzarella
150 g	frisch geriebener Parmesan
	Lasagne-Blätter
250–500 ml	Sahne

Das Gemüse putzen bzw. schälen und klein schneiden. 100 g Butter in einem großen Topf erhitzen und das Gemüse darin anbraten. Mit Salz und Pfeffer würzen. Passierte Tomaten zugeben und das Ganze zugedeckt 30 bis 45 Minuten dünsten. Nimmt man tiefgefrorene Erbsen und Bohnen, dann fügt man diese erst gegen Ende hinzu. Den Mozzarella grob würfeln.

Den Backofen auf 200 °C vorheizen. Eine Auflaufform mit Butter ausstreichen. Mit einer Lage Lasagne-Blätter auslegen. Eine Schicht Gemüse darauf, Mozzarella-Stückchen und Parmesan, dann wieder Lasagne-Blätter, auf die wieder eine Schicht Gemüse und darüber Mozzarella und Parmesan kommen und eine weitere Lage Lasagne-Blätter. Die oberste Schicht besteht auf alle Fälle aus Gemüse und fein geriebenem Parmesan. Die Sahne vorsichtig auf der Lasagne verteilen und das Ganze etwa 1 Stunde im Ofen garen.

Man kann die Lasagne-Menge reduzieren und variieren, je nach der Menge Gemüse, die man verarbeitet, oder welche Gemüsearten man gerade im Haus hat. Ich bereite stets eine größere Menge vor, portioniere sie und friere alles ein – für den Bedarfsfall.

Bei der Gartenarbeit gab es Arbeitsteilung mit meinem Mann. Ich war für die Blumen zuständig, Jossi kümmerte sich um den Rasen und die Hecken. Soweit es Bäume gab, hatten wir das Nachsehen. Die Früchte des Nussbaums gehörten den Eichkätzchen, die Zwetschgen den Vögeln, bevor sie überhaupt reif wurden, und die Äpfel waren zu klein, zu hart und zu sauer.

Als wir nach München zogen, lernte Jossi durch einen Nachbarn die Freude an Nutzpflanzen kennen. Schon bald erntete er kleine aromatische Tomaten; auch an Gurken, Zucchini und Petersilie versuchte er sich recht erfolgreich.

לֵקַח

האָניג קוכן

באָבעס קיכעלעך

אוֹשעניצע טאָשען

עפל קוכן

ווינער עפל קוכן

רוֹת פלוים קוכן

שאָקאָלאַד קוכן מיט אוֹשעניצע

קעז קוכן

המן טאַשען מיט נים אויספילונג

געמישטע אויבסט קאָמפּאָט

אוֹשעניצע קאָמפּאָט

ווויאן שאָקאָלאַד טאָרט

באַבעלעך

געפילטע פאָלאַטשינקעס

Kuchen &
Kompott

קוכן און קאמפאט

Zur jüdisch-polnischen Tradition und Gastfreundschaft gehört, dass man jederzeit einem unerwarteten Besucher ein Glas Tee und ein Stück Kuchen anbieten kann.

Lekech ist ein ganz besonderer Kuchen, der mit sehr viel Tradition behaftet ist. Er wird meistens nach dem Gebet am Samstag oder an Feiertagen zum Kiddusch angeboten. Beide Kuchen kann man nach »fleischedigen« Speisefolgen servieren!

Lekech   1. *Rezept*

לקח

Zutaten

5	Eier
300 g	Zucker
1 Päckchen	Vanillinzucker
125 ml	Orangensaft
	abgeriebene Schale von 1 Bio-Zitrone
125 ml	Pflanzenöl
225 g	Mehl
1 TL	Backpulver
	Rum

Backofen auf 175 °C vorheizen. Eine Kastenform mit Backpapier auskleiden. Die Eier trennen. Eiweiß steif schlagen, dabei Zucker und Vanillinzucker einrieseln lassen. Eigelb, Orangensaft, Zitronenschale und Öl unterrühren.

Zum Schluss Mehl und Backpulver dazugeben und alles gut verrühren. Etwas Rum untermengen. Den Teig in die Form füllen und 30 bis 40 Minuten backen.

Lekech *2. Rezept*

Zutaten

7	Eier
210 g	Zucker
	abgeriebene Schale von 1 Bio-Zitrone
1 Schuss	Rum
100 g	Mehl

Backofen auf 175 °C vorheizen. Eine Kastenform mit Backpapier auskleiden. Die Eier trennen, das Eiweiß sehr steif schlagen, dabei den Zucker einrieseln lassen. Eigelb, Zitronenschale und Rum hinzugeben.

Zum Schluss das Mehl darübersieben und gründlich unterheben. Den Teig in die Form füllen und 30 bis 40 Minuten backen. Sollte der Kuchen zu früh braun werden, mit Alufolie abdecken.

*Ich möchte mich bei dieser Gelegenheit
bei meinen Freundinnen
für ihren Beitrag zu diesen Rezepten aufs
Allerherzlichste bedanken!*

Mein Mann Jossi war beim Essen sehr diszipliniert. Das war bei seinem lang-jährigen Leberleiden, das seinen Anfang wohl unter den elenden Bedingungen der Lagerverpflegung genommen hatte, sicher richtig. Doch ein Stückchen Kuchen, eine kleine Näscherei, versuchte er sich täglich zu gönnen. Da es dort, wo wir wohnten, keinen Bäcker um die Ecke gab, war ich genötigt, mir ein paar schnelle Kuchenrezepte auszudenken. Honigkuchen wird auch sehr gern zu Rosch Haschana gegessen.

Honigkuchen

Zutaten

250 ml	Pflanzenöl
250 g	Honig
400 g	Zucker
6	Eier
2 TL	Natron (oder Backpulver)
250 ml	Orangensaft
250 ml	Kaffee
1 Schuss	Cognac
1½ Päckchen	Zimt
3 EL	gemahlene Mandeln oder Haselnüsse
2	große geriebene Boskoop-Äpfel
750 g	Mehl

Backofen auf 190 °C vorheizen. Eine Kastenform mit Backpapier auskleiden.

Alle Zutaten bis auf das Mehl zusammen in eine Schüssel geben und gut durchrüh-ren. Das Mehl sieben und gründlich unterrühren. Den Teig in die Form füllen und etwa 1 Stunde backen.

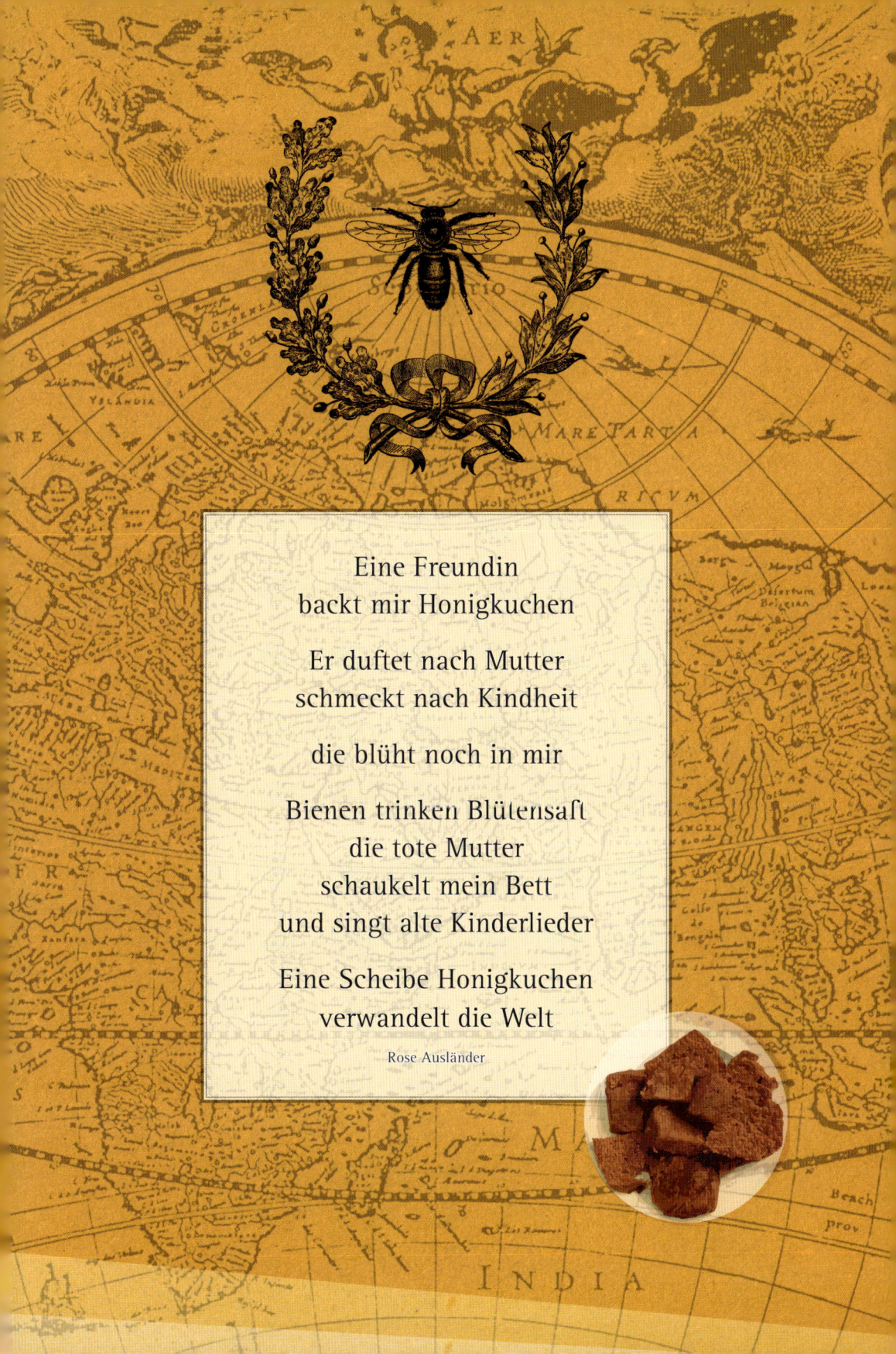

Eine Freundin
backt mir Honigkuchen

Er duftet nach Mutter
schmeckt nach Kindheit

die blüht noch in mir

Bienen trinken Blütensaft
die tote Mutter
schaukelt mein Bett
und singt alte Kinderlieder

Eine Scheibe Honigkuchen
verwandelt die Welt

Rose Ausländer

Omas Kekse sind eine Erfolgsstory! Beliebt bei Kindern, Enkelkindern und Urenkeln – und sogar als Retter in der Not: Als Jossi und ich bei der Rückkehr aus unseren Flitterwochen nach einem Erdrutsch am Brenner über Stunden im Stau standen und langsam ungeduldig und hungrig wurden, fanden wir im Auto eine Dose »Omas Kekse«!

Omas Kekse

Zutaten

250 g	Mehl
2	Eier
125 g	weiche Butter
1 Päckchen	Vanillinzucker
1 TL	Backpulver
	abgeriebene Schale von 1 Bio-Orange
150 g	Zucker
	Zucker zum Tauchen

Backofen auf 165 °C vorheizen. Ein Blech mit Backpapier belegen. Aus den Zutaten rasch einen Teig kneten. Diesen ausrollen und mit kleinen Formen Figuren ausstechen, ähnlich wie Weihnachtsgebäck (Herzchen, Sternchen usw.) .

Die Kekse mit der Unterseite in Zucker tauchen, auf das Blech setzen und im Ofen in 10 bis 12 Minuten goldgelb backen.

Die Blaubeertaschen sind ein ganz besonderes Rezept meiner Mutter. Vielleicht waren sie auch so begehrt, weil es sie natürlich nur im Sommer gab, wenn Blaubeeren geerntet wurden!

Blaubeertaschen

אוקערבלוי טשאנעס

Zutaten

1 kg	Mehl	200 g	weiche Margarine oder Butter
1½ Würfel	Hefe	1 Prise	Salz
200 ml	warmes Wasser	ca. 1 kg	Blaubeeren
250 g	Zucker		Zucker und Mehl zum Bestäuben
2	Eier	1	verschlagenes Ei

Das Mehl in eine große Schüssel (Durchmesser ca. 26 cm) geben, eine Mulde in die Mitte drücken. Die Hefe in 200 ml lauwarmem Wasser auflösen und in die Mulde geben. 2 gut gehäufte EL Zucker darüber geben, eine Prise Mehl als »Decke« darüberstreuen. Die Schüssel mit einem Tuch abgedeckt an einem warmen Platz bis zu 30 Minuten stehen lassen. Ein kleiner Trick: Man kann die Teigschüssel zugedeckt für etwa 20 Minuten bei 50 °C in den Backofen stellen.

Aufgegangenen Teig, restlichen Zucker, Eier, Margarine oder Butter, 200 bis 400 ml warmes Wasser und Salz in eine Küchenmaschine geben. Kräftig durchkneten lassen, bis der Teig weich und elastisch ist. Weitere 15 Minuten gehen lassen.

Backofen auf 170 °C vorheizen. Die Blaubeeren mit Zucker und einer Handvoll Mehl bestäuben.

Den Teig auf ein Brett geben, faustgroße Stücke abnehmen. Die Stücke nicht zu dünn ausrollen, die Ränder mit Ei bepinseln, eine Handvoll Blaubeeren auf die ausgerollte Fläche geben und versuchen, das Ganze in Form einer Tasche zusammenzuschlagen. Die Ränder der Tasche fest zusammendrücken.

Die Blaubeertaschen mit Ei bepinseln, auf ein mit Backpapier ausgelegtes Blech legen und etwa 30 Minuten backen.

Am besten schmeckt es natürlich, wenn der Teig relativ dünn ist und mit sehr, sehr vielen Blaubeeren gefüllt ist, das ist aber nicht ganz einfach und gelingt nicht immer.

Meine Mutter Hanna war in ganz München geliebt und bekannt für ihren Apfel- und Käsekuchen. Sie hatte immer viele Abnehmer!

Apfelkuchen

קאַפֿל קוכן

Zutaten für den Teig

500 g	Mehl
3	Eier
200 g	Zucker
250 g	weiche Butter
1 Päckchen	Vanillinzucker
½ Päckchen	Backpulver

Zutaten für den Belag

2 kg	geschälte, entkernte Boskoop-Äpfel
50 g	Orangeat, gewürfelt
50 g	gemahlene Haselnüsse
150 g	Zucker
2 Päckchen	Vanillinzucker
2 EL	Erdbeermarmelade
	etwas Öl
1 Handvoll	Rosinen
1	Eigelb zum Bepinseln

Backofen auf 180 °C vorheizen. Alle Zutaten für den Teig auf ein Brett geben und rasch verkneten.

Zwei Drittel des Teiges auf die Größe eines Backbleches ausrollen. Auf ein mit Backpapier ausgelegtes Blech geben. Im Ofen 15 bis 20 Minuten vorbacken. Der restliche Teig wird später verwendet.

Für den Belag inzwischen die Äpfel mit der Küchenmaschine nicht zu fein raspeln. Gut mit den übrigen Belagzutaten vermischen. Die Masse auf den vorgebackenen Teig geben und glatt streichen. Restlichen Teig dünn ausrollen und als »Decke« auf den Belag geben. Die Teigoberfläche mit Eigelb bepinseln.

Den Kuchen im Backofen bei 165 °C in ca. 45 Minuten fertig backen.

Das Rezept vom Wiener Apfelkuchen kam auf dramatische Weise in die Familie. 1925 bei der Geburt des jüngsten Sohnes Moniek zog sich meine Großmutter eine Thrombose zu. Die Behandlung führte aus Polen in ein Wiener Krankenhaus und zur Amputation des Beins. Ein Jahr hütete die Großmutter das Bett, begleitet und betreut von ihrer Tochter Reginka, weil die in der Schule Deutsch gelernt hatte. War Reginka nicht im Spital bei ihrer Mutter, war sie in der Stadt unterwegs, ging aus, auch in die Oper. Ein Mitbringsel von dem unfreiwilligen Auslandsaufenthalt war das Rezept für Wiener Apfelkuchen. Da es in Polen, im Gegensatz zu Deutschland, noch keine allgemeine Krankenversicherung gab, mussten mein Vater und sein Bruder – zwei vierzehn-, fünfzehnjährige Jungen – schon arbeiten. Die Familie hatte für die Behandlung in Wien praktisch alles, einschließlich eines Hauses, verkauft.

Wiener Apfelkuchen

Zutaten

4	Eier
200 g	weiche Butter
200 g	Zucker
200 g	Mehl
1 Päckchen	Vanillinzucker
1 TL	Backpulver
200 g	Aprikosenhälften aus der Dose, abgetropft
3–4	Äpfel (Boskoop)

Backofen auf 180 °C vorheizen. Eier trennen und das Eiweiß zu steifem Schnee schlagen. Eigelb, Butter, Zucker, Mehl, Vanillinzucker und Backpulver gründlich verrühren. Den Eischnee unterheben.

Eine Springform (24 cm Durchmesser) mit Backpapier auskleiden. Die Hälfte des Teigs darin gleichmäßig verteilen. Mit gut abgetropften Aprikosenhälften belegen, dabei die Schnittflächen nach unten zeigen lassen. Restlichen Teig über die Aprikosen geben.

Äpfel schälen, vierteln und vom Kerngehäuse befreien. Die Viertel mit einem scharfen Messer mehrmals einritzen und mit der Schnittfläche nach unten leicht in den Teig drücken. Den Kuchen etwa 1 Stunde backen. Um zu prüfen, ob er durchgebacken ist, die Stäbchenprobe machen.

Auf einem Kuchengitter abkühlen lassen, aus der Form lösen und nach Belieben mit Puderzucker bestäuben.

Mit Schlagsahne ist dieser Kuchen ein besonderer Genuss! Soll er nach einer fleischigen Mahlzeit angeboten werden, muss er parve sein, d.h. beim Backen muss statt Butter Margarine verwendet werden. Dann entfällt natürlich die Schlagsahne.

Hat man Zwetschgen im Überfluss – wie wir Dank unseres Baums im Garten – rechnet man hoch: 2 kg Zwetschgen bedeutet 3 Eier, 2,5 kg Zwetschgen, 4 Eier.

Ruths Zwetschgenkuchen

Zutaten

180 g	Mehl
120 g	weiche Butter
60 g	Zucker
25 ml	Rum
1	Eigelb
650 g	Zwetschgen

Außerdem

50 g	Butter
2 EL	Zucker

Die Zutaten für den Teig rasch verkneten, ausrollen und auf einem mit Backpapier versehenen Blech auslegen. Backofen auf 175 °C vorheizen.

Die Zwetschgen waschen, trocken reiben, halbieren und entkernen. Die Zwetschgenhälften dicht an dicht auf dem Teig auslegen. Den Kuchen 30 bis 40 Minuten backen.

Das Blech herausnehmen. Butter in einer Pfanne schmelzen lassen und den Zucker einrühren. Diese Mischung mit einem Pinsel über die noch warmen Zwetschgen streichen. Mit Schlagsahne ein Hochgenuss zur Kaffeetafel.

Dieser Kuchen ist kinderleicht zu backen. Meine Tochter Vivian, die nicht gerne in der Küche steht, liebt ihn, weil er auch ihr gelingt und gut ankommt.

Schokoladentorte
mit Preiselbeeren

Zutaten

8	Eier
160 g	Zucker
130 g	Backschokolade (50–60 % Kakao)
200 g	weiche Butter
130 g	geriebene Mandeln
60 g	Semmelbrösel
60 g	Mehl
	Preiselbeermarmelade
200 g	dunkle Kuvertüre

Backofen auf 180 °C vorheizen. Eine Kastenform mit Backpapier auskleiden. Die Eier trennen. Eiweiß zu steifem Schnee schlagen, dabei 40 g Zucker einrieseln lassen. Schokolade zerbröckeln und im Wasserbad schmelzen.

Butter, restlichen Zucker und Eigelb schaumig rühren. Die geschmolzene Schokolade gründlich untermengen. Mandeln, Semmelbrösel und Mehl unterrühren. Zum Schluss den Eischnee unterziehen.

Den Teig in die Form füllen, glatt streichen und etwa 1 Stunde backen. Dabei in den ersten 10 Minuten die Ofentüre einen Spalt offen lassen.

In der Form abkühlen lassen. Dann stürzen, einmal quer durchschneiden und die untere Hälfte mit Preiselbeermarmelade bestreichen.

Die Hälften wieder zusammensetzen. Die Kuvertüre im Wasserbad schmelzen und den Kuchen damit überziehen. Die Glasur im Kühlschrank fest werden lassen.

Käsekuchen

Zutaten für den Teig	Zutaten für den Belag
250 g Mehl	700 g Schichtkäse (20 % Fett)
1 Ei	4 Eier
1 Eigelb	200 g Zucker
100 g Zucker	250 g saure Sahne
125 g Butter	
1 Päckchen Vanillinzucker	
2 TL Backpulver	
1 verquirltes Ei zum Bepinseln	

Alle Teigzutaten mit beiden Händen rasch verkneten. Den Teig zur Kugel formen, in Klarsichtfolie wickeln und für 20 Minuten in den Kühlschrank legen.

Backofen auf 180 °C vorheizen. Vom Teig ein Sechstel abnehmen. Restlichen Teig auf bemehlter Arbeitsfläche zu einem Kreis in Größe einer Springform mit 26 cm Durchmesser ausrollen. Die Springform mit Backpapier (inklusive Rand) auskleiden, den Teig hineingeben, mit einer Gabel mehrmals einstechen und etwa 20 Minuten blindbacken. Der Teig lässt sich auch ohne Hülsenfrüchte hervorragend blindbacken. Herausnehmen und kurz abkühlen lassen.

Inzwischen den Schichtkäse durch ein feines Sieb streichen – das ist etwas mühsam, sollte aber gemacht werden, damit die Masse schön flaumig wird. Die Eier trennen. Eiweiße zusammen mit der Hälfte des Zuckers steif schlagen. Schichtkäse, Eigelb und restlichen Zucker gründlich verrühren. Saure Sahne untermischen. Zum Schluss den Eischnee locker unterziehen. Die Masse auf dem vorgebackenen Teigboden verstreichen. Den restlichen Teig in Form eines Gitters auflegen und mit Ei bepinseln. Wenn die Gitterform nicht gelingt, kann man auch die Käsemasse direkt mit einem aufgeschlagenen Ei bepinseln.

Den Käsekuchen bei 150 °C etwa 45 Minuten backen. Die mäßige Hitze ist wichtig, damit die Masse nicht zu schnell aufgeht – sie könnte später reißen. Den Käsekuchen auf einem Kuchengitter abkühlen lassen und dann aus der Form lösen.

Tipp: Fügt man dem Belag die abgeriebene Schale von 1 Bio-Zitrone zu, schmeckt der Kuchen herrlich frisch.

Rhabarberkompott
mit Erdbeeren

ראבארבער קאמפאט מיט
טרוסקאווקע

Zutaten

1 kg Rhabarber

500–600 g Erdbeeren

Zucker oder Süßstoff

Den Rhabarber putzen, waschen und in große Würfel schneiden.

Mit etwas Wasser aufsetzen und weich kochen.

Die Erdbeeren waschen, putzen und halbieren. Kurz bevor der Rhabarber weich ist dazugeben. Das Kompott mit Zucker oder Süßstoff abschmecken. Gekühlt servieren.

Oft hat man nach einem großen Essen keinen Appetit auf Kuchen oder Gebäck. Das Rhabarberkompott ist frisch und wird immer gern gegessen.

Hamantaschen
mit Nussfüllung

חמן טאשען מיט ניס אויפפילונג

Zutaten für den Teig

425 g	Mehl
250 g	zerlassene Margarine
½ TL	Salz
3	Eigelb
4 EL	Rotwein

Zutaten für die Füllung

100 ml	Milch
500 ml	Wasser
300 g	Zucker
100 g	Rosinen
400 g	fein geriebene Hasel- oder Walnüsse
	abgeriebene Schale von ½ Bio-Zitrone
40 ml	Rum

Außerdem

1	Eigelb zum Bepinseln

Mehl, Margarine und Salz vermengen. Eigelb mit Rotwein verquirlen. Mehl- und Eigelbmischung gründlich verrühren. Den Teig mindestens 3 Stunden ruhen lassen.

Milch, Wasser, Zucker und Rosinen aufkochen. Die Nüsse einrühren und das Ganze unter Rühren aufkochen. Die restlichen Zutaten für die Füllung zugeben und diese abkühlen lassen. Sollte die Konsistenz zu fest sein, etwas warmes Wasser zufügen.

Backofen auf 180 °C vorheizen. Ein Blech mit Backpapier belegen. Den Teig 1 cm dick ausrollen und mit einem Glas Kreise von ca. 7 cm Durchmesser ausstechen. Jeweils 1 gehäuften TL Füllung in die Mitte des Teigkreises setzen und diesen zu einem Dreieck zusammendrücken.

Die Teigtaschen auf das Blech setzen, an der Oberseite mit Eigelb bepinseln und 15 bis 20 Minuten backen.

Für die Füllung hätte man bei diesem Rezept auch 400 g Mohn verwenden können. Oder einen großen Klecks Konfitüre in die Mitte setzen, was im Hause Presser – wo dieses Gebäck stets nur als Hamanohren firmierte – die beliebteste Version war. Mit Nüssen gerieten sie nämlich oft etwas zu fest und taugten nur zum Eintauchen in den Kaffee. Mohn war bei den Kindern nicht so beliebt, dafür die Konfitüre-Gefüllten umso mehr, weil angenehm fruchtig.

Was die Mohnfüllung betrifft, so vertragen sich Milch und Mohn sehr gut. Nur sollte man dann – wenn alles nach den jüdischen Speisegesetzen laufen soll – vorher keine Mahlzeit mit Fleisch konsumiert haben.

Wenn jemand etwas gegen den gesunden Menschenverstand tut, heißt es: »Das ganze Jahr betrunken und an Purim nüchtern«. Eine Anspielung darauf, dass man beim Purim-Fest ausnahmsweise so viel trinken darf, dass man den Bösewicht der Purim-Erzählung, einen gewissen Haman, seines Zeichens Großwesir (vermutlich im 5. Jahrhundert v. u. Z. im Persischen Reich, mit dem braven, tapferen Mordechai, einem ebenda lebenden Juden, verwechseln darf.

Mischobstkompott

Zutaten

2	Boskoop Äpfel
2	Birnen
	Saft von ½ Zitrone
100 g	getrocknete Pflaumen
100 g	getrocknete Aprikosen
1 EL	brauner Zucker

Äpfel und Birnen schälen, jeweils vom Kerngehäuse befreien und in mundgerechte Stücke schneiden.

In einem Topf 200 ml Wasser und Zitronensaft aufkochen. Apfel- und Birnenstücke hinzufügen und das Ganze etwa 10 Minuten offen kochen lassen.

Dann Pflaumen und Aprikosen dazugeben und das Kompott kochen, bis alle Früchte weich sind. Zum Schluss mit Zucker abschmecken.

Das Kompott kalt servieren.

Nach Äpfeln, Kirschen und Birnen
muß man sich strecken und klettern.
Joseph Roth

Blaubeerkuchen

אוטשינע קאכען

Zutaten für den Teig

250 g	Mehl
150 g	Butter
1	Eigelb
1	Ei
100 g	Zucker

Zutaten für die Belag

1 kg	Blaubeeren
1 TL	Zimtpulver
2–4 EL	Zucker (je nach Süße der Beeren)
	Mehl

Zutaten für die Streusel

150 g	Mehl
100 g	Puderzucker
125 g	Butter

Die Teigzutaten vermengen, der Teig sollte nicht zu fest sein. Eine Springform (26 cm Durchmesser) mit Backpapier auskleiden. Den Teig am Formboden nicht zu dick auslegen.

Den Backofen auf 180 °C vorheizen. Für den Belag die Blaubeeren vorsichtig waschen und gründlich mit Küchenpapier trocken tupfen. Auf dem Teigboden verteilen und mit Zimt, Zucker und ein wenig Mehl bestreuen.

Für die Streusel Mehl, Puderzucker und Butter mit beiden Händen vermischen. Zwischen den Fingerspitzen zu Klümpchen zerreiben.

Die Streusel auf den Blaubeeren verteilen. Die Form in den Ofen stellen und den Blaubeerkuchen etwa 1 Stunde backen.

Milchige Spezialitäten isst man speziell zu Schawuot, dem Wochenfest.

Gefüllte Palatschinken

Zutaten für 8 Stück

Für die Füllung		Für den Teig	
500 g	Schichtkäse (20 % Fett)	1	Ei
2	Eigelb	110 g	Mehl
1 Päckchen	Vanillinzucker	240 ml	kohlensäurehaltiges Wasser
1 Handvoll	Rosinen		(mittlere Stärke)
100 g	Zucker	140 ml	kalte Milch
1 TL	Butter zum Anbräunen	1	Messerspitze Salz
			Pflanzenöl zum Ausbacken

Für die Füllung den Schichtkäse auf einem Sieb mindestens 1 Stunde abtropfen lassen. Anschließend mit den restlichen Zutaten für die Füllung vermengen.

Die Teigzutaten – am einfachsten im Mixer – verrühren und 30 Minuten zugedeckt im Kühlschrank ruhen lassen. In einer beschichteten Pfanne (21 cm Durchmesser) ½ TL Pflanzenöl erhitzen. Pro Palatschinken 1 kleine Schöpfkelle Teig in die Pfanne geben. Den Pfannkuchen binnen ca. 2 Minuten von beiden Seiten goldgelb ausbacken. Der Teig ergibt etwa 8 Stück. Verwendet man eine größere Pfanne, so ergibt dies entsprechend größere, doch weniger Pfannkuchen.

Auf jeden Palatschinken 2 EL Füllung geben und verstreichen. Den Pfannkuchen wie ein Päckchen zusammenschlagen, damit keine Füllung austritt.

In einer Pfanne die Butter erhitzen und die Pfannkuchenpäckchen darin auf beiden Seiten kurz goldgelb anbräunen. Sollen sie nicht gleich serviert werden, mit Alufolie abdecken und bei 50 °C im Backofen warm halten.

Die Bezeichnung »Palatschinken« ist aus der Verballhornung des ungarischen Wortes ›palacsinta‹ entstanden, dem eine Umwandlung des dem Lateinischen entlehnten Begriffs »placenta« (Kuchen) zu Grunde liegt.

Fela Pressers Kochkunst

Alles fing damit an, dass mein Vater Izydor, Izio genannt, auf der Flucht vor dem nach Kriegsende in Polen weiterhin schwelenden Antisemitismus 1946 ins nordhessische DP-Lager Eschwege geriet. Auf gefühlte hundert jüdische Männer kamen bei seiner Ankunft etwa zehn Frauen, die in wechselnder Besetzung täglich für alle anderen kochen mussten. Nach den Jahren der Entbehrung war man nicht wählerisch, aber es fiel allgemein auf, dass das Essen an manchen Tagen praktisch ungenießbar war. Einmal pro Woche aber schwammen beim Mittagessen in einer würzigen Hühnerbrühe die feinsten selbst gemachten Eiernudeln, umgeben von fein geraspelten Karottenstreifen (den Ausdruck à la Julienne kannte mein Vater ganz gewiss nicht). Das Fleisch war zart, keine Spur von dunkeln Adern, die darauf hinwiesen, dass es nicht ordentlich gekaschert war. Der Magen meines Vaters verliebte sich umgehend in die unbekannte Küchenfee.

Die Tage im Lager waren hart. Auf dem ehemaligen Fliegerhorst, der der amerikanischen Militärverwaltung unterstellt war, trafen praktisch täglich Holocaust-Überlebende ein, andere sahen zu, weiterzukommen. Es war eine Transitsituation, die man so schnell wie möglich passieren wollte. Jeder und jede war traumatisiert. Manche hatten Eltern und Geschwister verloren, andere nicht mal die eigenen Kinder vor der Ermordung bewahren können. Dieser »Rest der Geretteten« war oft krank an Leib und Seele.

Mein Vater, der alle Angehörigen verloren hatte, bereitete seinen Umzug nach München vor. Man hatte ihm signalisiert, von dort aus sei es leichter, seinen Studienabschluss anerkennen zu lassen – er hatte in Lemberg studiert und vor der Kriegserklärung Deutschlands an Polen in Krakau bereits als Jurist bei einer Versicherung gearbeitet – und seine Auswanderung voranzutreiben. In der Freizeit trafen sich die jungen Leute. Eines der Mädchen muss ihm ganz schöne Augen gemacht haben. Er aber interessierte sich für ihre Freundin, die keine Zeit zum Spazierengehen und Flirten hatte. Sie kümmerte sich um einen Jungen, den sie jeden Tag wie aus dem Ei gepellt in den für die wenigen Kinder improvisierten Unterricht schickte. Es dauerte nicht lange und das Herz meines Vaters schlug nur mehr für Fela. Dass sie so hieß, hatte er schnell herausgefunden. Der auf Grund der Entbehrungen zu klein geratene Zehnjährige erwies sich als ihr jüngster Bruder. Und Izios Entzücken war vollkommen, als er außerdem entdeckte, dass es wirklich gutes Essen nur gab, wenn sie Küchendienst hatte. Drei Jahre musste er um sie werben, bevor sie seinen Heiratsantrag schließlich annahm.

Fela, Tochter einer sehr traditionellen, wohlhabenden Familie, hatte ihrer Mutter beim Kochen zugeschaut. Bei einem großen Haushalt mit sieben Kindern, Angestellten und frommen jüdischen Studenten, die für Kost und Logis den vier Söhnen der Familie Religionsunterricht erteilten, gab es auch immer etwas mitzuhelfen. Gute Planung war eine ihrer wichtigsten Lektionen. Das kam ihr später beim Kochen in der DP-Küche und Jahrzehnte später in der Gaststätte, die mein Vater in München betrieb, zugute. Wenn die niederbayerische Köchin ihren Moralischen bekam und nicht zum Dienst erschien, sprang meine Mutter mehr als einmal ein. Das sprach sich stets im Nu herum, und es herrschte Hochbetrieb, weil ihr Schweinebraten und ihr Züricher Geschnetzeltes köstlich waren, ohne das sie das je gekostet hätte. Schweinefleisch oder die Vermischung von fleischigen und milchigen Speisen wäre in ihrer privaten Küche undenkbar gewesen. Aber wenn die Gäste im Lokal solches Essen gewohnt waren, dann kochte sie das eben. Freilich nach den Methoden der koscheren Küche. Das Fleisch wurde gesalzen und gewässert; der Salat so lange gesäubert, bis jedes Sandkorn und selbst das winzigste Insekt weggespült war; Eier wurden einzeln in einer Tasse aufgeschlagen, damit nur kein Angebrütetes mit einem Bluttropfen die anderen verunreinigen konnte.

Waren meine Eltern eingeladen, pflegte mein Vater stets eine Kleinigkeit zu Hause zu essen. Er wollte auf Nummer Sicher gehen. Besonders fürchtete er die Pessacheinladung bei engen Freunden. Die Matzeknödel waren dort so hart, dass sie stets wie Billardkugeln über den Tisch schossen. Mein Vater hatte – eine Ausnahme in seiner Generation – sehr starke Zähne. So nahm er als einziger die steinerne Suppeneinlage als Ganzes in den Mund und zerkaute sie – unter den strafenden Blicken seiner Frau. Im sowjetischen Arbeitslager am Ural, wohin er auf der Flucht vor den Deutschen geraten war, hatte er seine Zigarettenration stets gegen Brot getauscht und gelernt, es so einzuspeicheln, dass er selbst die härtesten Brotkanten verzehren konnte. Das aber hat seinem Zahnapparat nur gutgetan.

Als ich das erste Mal bei Ruth Melcer, die ich seit vielen Jahren kenne, eingeladen war, schwebten auch ihre Matzeknedlach. Trotzdem wurde mir bewusst, dass jede Hausfrau ihre eigene Ideologie hat. Bei Ruth sind – wie sie es bei ihrer Mutter und Tante gesehen hat – die Matzeknödel ganz klein und werden in zierlichen Suppentassen serviert. Kleine Knödel sind elegant. Große sind es nicht. Bei mir zu Hause kam die Suppe stets in einem Suppenteller. Also war mehr Platz für größere Knödel. Meine Mutter schwor darauf, Eigelb und Eiweiß zu trennen, und den handgeschlagenen Eischnee unter die Masse zu heben. Ruth setzt auf ihre Küchenmaschine und aufs Mineralwasser.

Eben das könnte der Grund sein, warum Ultrareligiöse gerade zu Pessach auf Matzeknedlach komplett verzichten. Denn es darf nichts Gesäuertes gegessen werden. Und was wäre, wenn im Matzemehl auch nur ein einziges Getreidekörnchen schlummern würde und das Mineralwasser dazu eine Gärungsreaktion auslösen würde? Wer das als Problem betrachtet, legt gekochte Kartoffeln in die Boullion. Hätte es bei uns zu Hause nicht schon am ersten Abend Matze-Knedlach gegeben, wäre mein Vater in den Hungerstreik getreten, freute er sich doch schon das ganze Jahr darauf. Bei Ruth Melcer zu Hause gab es am ersten Seder-Abend traditionell selbst gemachte Eiernudeln, »Lokschen« in der Suppe. Die aber hätten auch meinen Eltern gemundet – da bin ich mir sicher. Ebenso ihre gefüllte Kalbsbrust und ihr Zwiebelfleisch, nicht zu vergessen ihr Tscholent, der den meiner Mutter noch übertrifft. Und das will was heißen! An dem Sprichwort »Liebe geht durch den Magen« ist sicher was dran. Aber meines Erachtens geht es noch um etwas Tieferes: Kindheitserinnerungen schmecken, sich hejmisch fühlen, vertraut. Es ist ein Glück, wenn man Menschen findet, für die man gerne kocht, mit denen man gerne zusammen isst, lacht, Gemeinsames entdeckt. Essen und Trinken gehören zum Überleben, es zu genießen bedeutet mehr – nämlich zu leben.

E. P.

Glossar

Aschkenasisch	*Deutsch, Bezeichnung für Juden, die aus Mitteleuropa und Osteuropa stammen, gilt auch für die Mehrzahl der Juden, die nach Amerika auswanderten. Im Gegensatz zu Sephardisch und Orientalisch (die aus Nordafrika, Irak und Syrien stammen). Jeweils eigene Enklaven bildeten des weiteren die indischen und persischen Juden.*
Bar Mitzwa (auch Bar Mizwa)	*»Sohn der Pflicht«, Bezeichnung der Zeremonie, durch die ein jüdischer Junge mit Vollendung des 13. Lebensjahres im religiösen Sinne als erwachsen gilt.*
Besomim-Büchse	*eine Dose für Gewürze mit Öffnungen, durch die man den Wohlgeruch enthaltener Gewürze (die für das gute Aroma des Schabbatruhetags stehen) wahrnehmen kann; neben einer geflochtenen Kerze und einem gefüllten Weinbecher erforderliches Element bei der Hawdalah-Zeremonie zum Schabbatausgang am Samstagabend.*
Chametz	*Sauerteig; Sammelbegriff für alles Gesäuerte, dessen Verzehr während des Pessachfestes verboten ist, einschließlich Nudeln und Hülsenfrüchte.*
Chanukka	*»Einweihung«, achttägiges Lichterfest im Dezember (nach jüdischer Zeitrechnung beginnend am Abend des 24. Kislew) zur Erinnerung an den Sieg jüdischer Kämpfer über die hellenistischen Herrscher und an die Wiedereinweihung des Zweiten Jüdischen Tempels in Jerusalem 165 v. u. Z.*
Challa (auch Challah)	*(hebr.) Hefezopf, über den vor dem Schabbatmahl oder vor einem religiösen Festmahl der Segen gesprochen wird, (Plural Challot, im Jiddischen: Challes).*
Charoset (auch Charosset)	*eines der sechs Elemente auf dem Seder-Teller, ein Aufstrich aus geriebenen Äpfeln, Nüssen, Zimt und Wein, der an den Lehm der Ziegel erinnert, welche die Israeliten während ihrer Sklavenzeit in Ägypten herstellen mussten (ca. 1.660 v. u. Z.). Ferner liegen darauf »Bejza«, ein hart gekochtes Ei, »Maror«, also ein »Bitterkraut« z. B. geriebener Meerettich oder Lattich, »Karpas«, z. B. Kartoffel, die gegessen werden sowie »Sroa«, ein »gebratener Knochen«, der das Pessachopfer symbolisiert und natürlich nicht gegessen wird.*
Chassidisch	*»fromm«; ein Chassid ist Anhänger einer volkstümlichen, religiös-mystischen Bewegung im Judentum, entstanden im 18. Jahrhundert in der Ukraine als Reaktion auf Pogrome. Ihre Anhänger, die Chassidim, fühlen sich verschiedenen chassidischen Dynastien verbunden, benannt nach dem ursprünglichen Sitz ihrer jeweiligen rabbinischen Autorität.*
Cheder	*jüdische Elementarschule*
Eschet Chajil	*(hebr.) »tüchtige Hausfrau«. Beginn eines Loblieds auf die Frau, die ihrem Mann im traditionellen Sinne treu zur Seite steht und den Haushalt mit allem drum und dran erfolgreich meistert. Es wird vom Hausherrn/Ehemann am Freitagabend bei Tisch gesungen.*
DPs	*Abkürzung für Displaced Persons. Bezeichnung für Menschen, die während des Zweiten Weltkriegs vertrieben oder verschleppt wurden: Zwangsarbeiter, ehemalige KZ-Häftlinge und Flüchtlinge osteuropäischer Nationalitäten, die nicht in ihre Herkunftsländer zurückkehren konnten und in Provisorien wie geräumten Kasernen oder vorübergehend sogar auf dem Gelände aufgelöster KZs untergebracht wurden – bis zur endgültigen Entscheidung, wohin sie ziehen oder auswandern wollten.*
DP-Lager	*Unterkunft für »Displaced Persons«.*
Ghetto	*Abgegrenzter Wohnbezirk in einer Stadt, in dem Juden zwangsweise wohnten. Das Wort, das sich dafür allgemein einbürgerte, kommt aus dem Italienischen. Die Juden Venedigs waren im frühen 16. Jahrhundert gezwungen worden, an einem Ort zu wohnen, dem Geto nuovo, abgeleitet vom Wort »Gietto«, dem Kanonengussplatz.*
Goj	*(hebr.) Volk, Angehöriger eines fremden Volkes, Nichtjude.*
Hawdalah	*(hebr.) »Unterscheidung«. Zeremonie zum Abschluss des Schabbat und damit gleichzeitig Ankündigung des Wochenbeginns und damit des Alltags.*
Holocaust	*(griech.) »Brandopfer«. International gebräuchlicher Begriff für die Verfolgung und Ermordung von sechs Millionen Juden bzw. Menschen jüdischer Herkunft während der nationalsozialistischen Gewaltherrschaft 1933–1945 in Europa.*
Israeliten	*Angehörige des Volkes Israel. Das Adjektiv israelitisch ist ein Synonym für jüdisch.*
Jiddisch	*Sprache der aschkenasischen Juden, die ausgehend vom Mittelhochdeutschen je nach Region Wortschatz und Sprachmelodien der Umgebungsgesellschaft integrierte. Man unterscheidet zwischen Westjiddisch und Ostjiddisch. Bei Letzterem sind hebräische, deutsche und slawische Begriffe zu einer Einheit verschmolzen. Man konnte – ähnlich wie dies bei den Dialekten in Deutschland bis heute gilt – auch heraushören, ob jemand aus Warschau, Wilna oder Galizien stammte.*
Joach	*Jiddische Bezeichnung für eine Bouillon.*
Jom Kippur	*(hebr.) Versöhnungstag, wichtigster jüdischer Einzelfeiertag, nach jüdischem Kalender jeweils am 10. Tischri. Wird zehn Tage nach dem Neujahrsfest als Fasttag und Tag des Betens um Vergebung der Sünden gegenüber Gott und den Mitmenschen begangen.*

Jom Kippur-Krieg	gilt nach Unabhängigkeitskrieg, Suez-Krise und Sechs-Tage-Krieg als vierter Krieg, der von der arabischen Welt gegen Israel geführt wurde. Er begann mit einem Überraschungsangriff Ägyptens am höchsten jüdischen Feiertag, dem Jom Kippur, und endete mit der Niederlage der Aggressoren. Der Krieg dauerte vom 6. bis 25. Oktober 1973.
Kapo	(von ital. Capo, Chef) Bezeichnung für Gefangene im Konzentrationslager, die zur Kontrolle ihrer Mithäftlinge herangezogen wurden und dafür kleine Privilegien erhielten wie z. B. mehr Essen, weniger beschwerliche Arbeiten. Sie überwachten Arbeitskommandos und konnten - je nach Charakter - das Los ihrer Kameraden etwas erleichtern oder ihnen das Leben noch mehr zur Hölle machen.
Kaschern	Fleisch muss entsprechend den jüdischen Speisegesetzen gewässert und gesalzen werden. Neue Töpfe und neues Geschirr müssen im rituellen Tauchbad symbolisch gereinigt werden. Auch Besteck ist von einer speziellen Zeremonie nicht ausgenommen. Erst dann sind Zubereitung und Verzehr überhaupt erlaubt.
Kaschrut	Jüdische Speisegesetze
Kiddusch	(hebr.) Segen über den Wein, auch Stehempfang nach dem Gottesdienst, der stets mit dem Segen über Wein und Brot beginnt.
Kischke	(jidd.) Darm; wird ein tierischer Darm gefüllt, ergibt das eine schwer verdauliche jüdische Spezialität, die dem Verdauungssystem zur Verwertung einiges abverlangt.
Knedlach (auch Kneidelach)	(jidd.) Knödel(chen)
Koscher	rein, ganz vollständig, in Ordnung (Gegenteil von treife, d. h. unrein, zerrissen, ungenießbar)
Kugl	(jidd.) Auflauf (herzhafte oder süße Variante), beliebte Beilage zu Festtagsessen
Latkes	(jidd.) Kartoffelpuffer, Reiberdatschi, typische Leckerei zu Chanukka, weil in Öl ausgebacken
Lokschen	(jidd.) Nudeln
Matze (auch Mazze)	(hebr.) Matza (Pl. Mazzot), Bezeichnung für das ungesäuerte Brot, extrem flache Fladen (nicht mit Knäckebrot zu verwechseln), deren Zubereitung 18 Minuten nicht überschreiten darf (um jeglichen Gärungsprozess auszuschließen). Matze wird während des achttägigen Pessachfestes gegessen.
Parwe	neutral, gilt für Lebensmittel, die weder Fleisch noch Fisch sind, also Früchte, Gemüse, Getreide und Nüsse. Sie dürfen jeweils sowohl mit Fleisch als auch mit Fisch kombiniert werden.
Pessach	(hebr.) »Überschreitung«, Fest, das in Israel sieben, in der Diaspora acht Tage gefeiert wird und an den Auszug der Israeliten aus Ägypten ca. 1495 v. u. Z. erinnert.
Pogrom	Synonym für Verwüstung und Zerstörung, wie sie ursprünglich – in den 1880er-Jahren im russischen Zarenreich – gegen die jüdische Bevölkerung gerichtet war.
Purim	(hebr.) »Lose«, Freudenfest am 14. Adar (ein Tag jeweils im Februar bzw. März eines Jahres. Erinnert an die Rettung der Juden im Persischen Großreich durch die jüdische Königin Esther, Ehefrau des Königs Achaschverosch (vermutl. Xerxes), vor einem Riesenpogrom im 400. Jahrhundert v.u.Z. Den Termin hatte ein verbrecherischer Minister namens Haman durch Ziehung eines Loses bestimmt. Wird ausgelassen gefeiert. Da sich alle verkleiden dürfen, wirkt es wie eine Art jüdischer Karneval.
Rosch Haschana	(hebr.) wörtl. »Anfang des Jahres«. Jüdisches Neujahrsfest, beginnend nach jüdischem Kalender am 1. Tischri (fällt in den September)
Schabbat	(vom hebr. Wort »schewa« für die Zahl Sieben) Siebter Tag der Woche, der als Ruhetag begangen wird. Da er explizit im Schöpfungsbericht und in den zehn Geboten vorkommt, wird er als Festtag begriffen.
Schawuot	(hebr.) »Wochenfest«, das fünfzig Tage nach Pessach gefeiert wird. Es erinnert an die Entgegennahme der Zehn Gebote am Berg Sinai. Traditionell werden milchige Speisen gegessen.
Schechina	(hebr.) Bezeichnung für die göttliche Gegenwart in der Welt.
Seder	(hebr.) »Ordnung« Bezeichnung für das Festmahl an den beiden ersten Abenden von Pessach, die einem Zeremoniell mit speziellen Gebeten, Liedern, Geschichten und Speisen unterliegen.
Sephardisch	Jüdisch-spanisch, bezieht sich auf die Juden aus Spanien und Portugal, die 1492 von der Iberischen Halbinsel endgültig vertrieben wurden (sofern sie die Taufe verweigerten), und auf ihre Nachfahren. Sie nahmen ins Exil – ob nach Holland, Nordafrika, die Türkei, Bulgarien oder Palästina – ihre eigene Sprache »Ladino«, und ihre eigene Kochkultur mit, die sich von der aschkenasischen unterscheidet.
Simchat Torah	»Fest der Gesetzesfreude« zum Abschluss des Festtagszyklus im Herbst. Lesung des letzten Abschnitts aus dem 5. Buch Mose und Neubeginn des ganzjährigen Lesezyklus aus den Fünf Büchern Mose mit dem ersten Kapitel der Bibel. Wird gleichzeitig als Erntedankfest begangen.
Sukkot	(hebr. Plural v. »Sukka«, d. h. »Hütte«) Laubhüttenfest, das vier Tage nach Jom Kippur beginnt und an das Leben in Provisorien während der vierzigjährigen Wanderung der Israeliten durch die Wüste erinnert. Noch heute bauen gläubige Juden Hütten (ob auf dem Balkon oder im Garten), in denen man sich zwischen dem Abend des 14. und 20. Tischri September bzw. Oktober zum Essen versammelt.
Talmud	(hebr.) »Belehrung«, »Lehre«. Umfasst die Lehren, Vorschriften, Überlieferungen und Kommentare zur hebräischen Bibel, der Torah.

Rezeptverzeichnis

Dank...

... der unermüdlichen Aufforderungen meiner Mutter, ihr beim Kochen für die gemeinsam verbrachten Feiertage in meiner eigenen »Wenig Fett / wenig Kalorien«-Küche zu assistieren und Hilfsdienste zu leisten, wurden mir die meisten Gerichte geläufig.

Ich kann gar nicht zählen, wie viele Kreplach ich geklebt habe, wie viele Karotten ich eingekerbt und geschnitten habe, und wie viele Hähnchen ich von ihren letzten Federn befreien musste.

Meine Tante Reginka war die älteste Tochter von Liba Cukierman und somit eine Schwester meines Vaters Aron. Sie heiratete in den 1930er-Jahren Henoch Wilczynski und verlor ihren Erstgeborenen Marek kurz vor der Befreiung unter tragischen Umständen. Trotz dieses sie lebenslang begleitenden Kummers war sie gegenüber ihren Mitmenschen lebensfroh und optimistisch. Ihre grenzenlose Gastfreundschaft war legendär. Sie war sicherlich die beste Köchin in unserer Familie und die meisten Rezepte sind ihr zuzuschreiben.

Dankbar bin ich auch meiner Tante Tamara, die bis zu ihrem neunundneunzigsten Geburtstag in Paris lebte. Sie war mit Reginkas Bruder, meinem geistreichen, humorvollen Onkel Fulek, verheiratet. Tamara Cukierman, geborene Wolkowicz, war eine überaus tapfere Frau: Als im Lager Bliżyn im Rahmen eines Männertransports ihr Mann Fulek mit unbekanntem Ziel deportiert werden sollte, gelang es ihr als einziger Frau, mit den Männern mitzukommen. Sie war getrieben von der Hoffnung, das Leben ihres Mannes durch einen Brillanten, den sie in einem Zahn versteckt trug, retten zu können. Beide haben – trotz unmenschlicher Strapazen – überlebt.

Solange meine Mutter lebte, verließ ich mich auf ihr Küchenregiment. Als ich mit meiner Familie noch in Augsburg wohnte, kamen die Eltern am Wochenende zu uns, und meine Küche gehörte meiner Mutter. Ich durfte nur Hilfsdienste leisten wie Einkaufen und Schnippeln. Kam ihre Schwägerin Reginka aus Israel zu Besuch, dann werkelten die beiden in der Küche in bestem Einvernehmen. Geredet wurde nicht übers Kochen, sondern sie fragten sich zum Spaß Lateinvokabeln ab, schließlich waren sie in Tomaszów zusammen zur Schule gegangen, Reginka eine Klasse über Hanna. Und es wurden Witze erzählt.

Als Jossi und ich 1992 nach München zogen, führte meine Mutter in meiner Küche das Regiment, bis sie nicht mehr die Kraft hatte zu kochen. Sie verbrachte ihren Lebensabend bei uns, und ihre Anweisungen habe ich noch heute im Ohr. Nach dem Ableben meiner Mutter 1999 kam zu meinem Erstaunen in mir die Begeisterung auf, ihre Rezepte nachzukochen. Und mehr noch, ich ertappe mich dabei, wie gegenwärtig mir in Erinnerung an ihre Kochkunst ihr Gedankengut und ihre Liebe zur Familie ist. Sie hatte – wie es das Schicksal jüdischer Menschen ihrer Generation war – so viel Leid überlebt und mit ihrem Kochen später anderen so viel Fürsorge gegeben!

Mögen Sie als Leser und Leserin an friedvollen Orten leben, stets genug zu essen haben und gute Speisen in netter Gesellschaft genießen. Viel Erfolg beim Kochen und guten Appetit!

Text- und Bildnachweis

Textnachweis

Ausländer, Rose: Gesammelte Werke V. Ich höre das Herz des Oleanders.
Gedichte 1977–1979. © S. Fischer Verlag GmbH, Frankfurt a. Main 1984, S. 200

Biller, Maxim: Harlem Holocaust. © Kiepenheuer & Witsch Verlag, Köln 1998

Fleischmann, Lea: Schabbat. Das Judentum für Nichtjuden verständlich gemacht.
© Scherz Verlag, Frankfurt a. M. 2009

Kishon, Ephraim © F. A. Herbig Verlagsbuchhandlung GmbH, München

Literaturliste

Die vierundzwanzig Bücher der Heiligen Schrift. Aus dem Hebräischen von Leopold Zunz.
Basel 1980

Je länger ein Blinder lebt, desto mehr sieht er. Jiddische Sprichwörter. Aus dem Jiddischen
von H. C. Artmann. Frankfurt a. Main 1965

Jüdische Weisheit aus drei Jahrtausenden: Gesammelt von Israel Steinberg. Ausgewählt und
ins Deutsche übertragen von Salcia Landmann. München 1968

Jüdisches Lexikon. Ein enzyklopädisches Handbuch des jüdischen Wissens in vier Bänden.
Begründet v. Dr. Georg Herlitz und Dr. Bruno Kirschner. Berlin 1927. Nachdruck der
1. Auflage Königstein / Taunus 1982

Kluge, Manfred (Hg.): Jüdische Weisheiten. München 1981

Lehnardt, Andreas (Hg.): Wein und Judentum. Berlin 2014

Bildnachweis

Die Autorinnen

Ruth Melcer, *geborene Cukierman, lebte von 1935 bis 1942 in ihrer Geburtsstadt Tomaszów Mazowiecki in Polen. Als Kind kam sie ins Arbeitslager Bliżyn und 1944 nach Auschwitz-Birkenau. 1946 verließ der verbliebene Rest der Familie Polen, ihre Eltern ließen sich in München nieder, wo Ruth das jüdische Gymnasium besuchte. Nach zwei Jahren Aufenthalt in Israel 1955 Rückkehr nach München. Kochen lernte sie erst nach ihrer Heirat 1959 mit Josik Melcer. Die Mutter von drei Kindern lebte und arbeitete von 1959 bis 1990 in Augsburg. Seit 1991 wohnt sie in München und führt dort ihr gastfreundliches Haus.*

Ellen Presser, *1954 in München geboren als Tochter polnisch-jüdischer Displaced Persons. Wuchs in einem traditionellen jüdischen Elternhaus auf und fühlt sich deshalb im Melcer'schen Haus mit seinen Gerichten und Geschichten so heimisch. Seit 1983 leitet sie das Kulturzentrum der Israelitischen Kultusgemeinde in München. Sie liebt Cartoons, Krimis und gute Küche, ohne selbst in einer stehen zu müssen.*

Der Grafiker

Stephan Schöll, *1971 geboren, ist ein wahrer Kosmopolit. Bis zu seinem sechsten Lebensjahr lebte er in Afrika, anschließend in Deutschland, dann zog die Familie nach Papua-Neuguinea, wo sein Vater für den deutschen Entwicklungsdienst arbeitete. In Brisbane, Australien, machte er Abitur, in Sydney seinen Bachelor in Grafikdesign. Stephan Schölls Leidenschaft gilt der Gestaltung von Corporate Identities, Imagebroschüren, Papeterieartikeln und Büchern.*

Originalausgabe
1. Auflage 2015

Copyright © 2015 Gerstenberg Verlag, Hildesheim
Alle Rechte vorbehalten
Umschlagkonzept: Stephan Schöll
Umschlagbild: Privatarchiv, iStockphoto, 123RF
Gesetzt aus der Rotis Serif, Alex Brush, Avenir, EF Drugulin-Hebräisch
Gestaltung und Satz: Stephan Schöll
Fachredaktion Jiddisch: Dr. Ittai Joseph Tamari
Druck und Bindung: Westermann Druck, Zwickau
Printed in Germany

www.gerstenberg-verlag.de
ISBN 978-3-8369-2095-7